Working on Yourself doesn't Work.

今ここに生きる力

「瞬間的に人生を変容できる」生き方の極意

エリエール&シーヤ・カーン 著 Ariel & Shya Kane
大野百合子 訳 Yuriko Ohno

VOICE

Working on yourself doesn't Work

今ここに生きる力

「瞬間的に人生を変容できる」生き方の極意

シーヤが幼かったころ、母親のイーダに尋ねました。
「なぜ人は幸せじゃないの？
どうして世界にはこんなにいっぱい苦しみがあるの？」

イーダは答えました。
「わからないわ。今までずうっとこうだったのよ。
でもお前が大きくなったら、
何かできるかもしれないね」

本書を私たちの両親に捧げます。

ゲリーとドン
マックスとイーダに

そして、そんな世界を変えてみたいと、
一度でも夢見たことのある
すべての人々に捧げます。

カバーイラスト＊波多野　典子
本文イラスト＊はやしゆうこ

序章
「本当の自分」を発見する旅へ
INTRODUCTION

　この本はとてもユニークです。それは、「自分の問題に一生懸命ワークしたところで、何の役にも立たない」ということを大前提にしているからです。

　自分の人生を変えたいのなら、この瞬間を生き始めてください。

　そうです、今、あなたが体験している「この瞬間」です。

エリエール＆シーヤ・カーン

■「本当の自分」を発見する旅へ

数え切れないほどの人たちが、これまでになんらかのセラピーを受けてきました。また、「傷ついたインナーチャイルドを癒す」や「時間の有効利用法」といった、さまざまなセミナーにも参加してきました。瞑想やファイアーウォーク、エネルギーを高める修行などにも、時間とお金を費やしてきました。日々の時間割を決め、食事を変え、一生懸命ゴールを思い描いてきたのです。

でも、私たち二人は、何百回もセミナーに参加し、抱えきれないくらいのインスピレーションあふれる本を読んできたにもかかわらず、なんだか空っぽだと感じていました。セミナーやワークショップに参加した後や、本を読んだすぐ後には、人生を新しい視点から眺めるシステムが手に入ったように感じます。しばらくの間は高揚し、熱くなって、時には自分の変化を感じて生き生きするのですが、遅かれ早かれ、夜中に目を覚ましてこう考えてしまうのです。

「人生って絶対、こんなもんじゃないはずだ」と。

最初はこのむなしさを、ゴールに到達できないせいだと思っていました。でも、目指したものが手に入ると――それは友達や恋人との素晴らしい関係は言うにおよばず、高級住宅街の家だったり、仕事での成功だったりするのですが――決まって空虚感が頭をもたげてくるのです。そして、何かが欠けているという気持ちは、ついに無視できないほど、大きくなってくる……。

私たちは、すべてを手放すことにしました。家を処分し、ニューヨーク風のガレージセールをして、持っているものをみんな売ったのです。そしてバックパックを二つ買い、少しの道具を揃えて、世界を見に出かけました。実際には、北イタリアまでしか行かなかったのですが。

この世界旅行の初めには、瞑想センターでの三週間のワークショップも組み込んでいました。しかしながら、今回は今までとは少し違っていました。この瞑想センターにたどりついて、私たちはやめたのです。むなしさから走って逃げることを、自分自身から走り去ることを。

そこでほとんど二年間を過ごしました。すべてに疑問を抱き、すべてを考察し吟味しながら生活したのです。自分の思考や、我々の文化、真実など、私たち二人がこのまま一緒にいるべきかどうかさえも考えました。何カ月にもわたって、さまざまなグループの活動に参加し、ヒーリングや呼吸法、ダンス、直感を磨くこと、マッサージ。そして非常に深いカウンセリングのトレーニングまで体験していきました。最後に参加したワークショップは一日二四時間、六カ月間にもわたる集中瞑想ワークでした。

六カ月目の最後が、ワークショップと呼ばれるものに参加した最後の体験になりました。私たちは「もうたくさん！　これで終わり！」と叫んでいました。もう自分たちを「修理しよう」という試みは終了したのです（すぐその後、お互いを直そうという試みもやめました）。

このころにはニューヨークの家を売ったお金もほとんど底をつき、クレジットカードも限度額を超えていたのですが、私たちにはまだお互いがいました。そして新しく見つかった自分自身も。私たちはアメリカ合衆国の大地に再び降り立ち、車を一台借りました。サンフランシスコに行って、部屋を一部屋借りたのです。

自分たちの豊かさに気づきはじめたのは、このころからだったでしょうか。金銭面では何も持っていないに等しかったのですが、とてもすてきな気持ちでした。私たちは「愛」の中にいたのです。次に何をすればいいのか、まったく見当もつかない状態で、私たちは満たされ、安らいでいました。夜には『不生——盤珪老師の生と教え』という本を声に出して読み合っていました。この本は、盤珪永琢《ばんけいようたく》という十七世紀の日本臨済宗の禅の老師が、自己の覚醒について書いたものです。読み始めてすぐに、自分たちが、この本で説かれているような生き方をいつもしていることに気づきました。

友人たちもそのことが分かったようでした。みんなは私たちに何が起きたのかを知りたがり、「本当に変わってしまったね」と次々に口にしました。私たちといるだけで、自分が調和し、存在の中心にいられる気がするようでした。彼らに招かれて話をしたのが、私たちの初めてのワークショップです。

私たち二人は、今やまったく新しい冒険へと乗り出そうとしていました。それは人生という名の冒険です。私たちがどのように人生を生き、それに取り組んできたか、その本質を定義し、人に伝えなくてはなりません。それは一つのチャレンジでした。言葉で言い表せないものを、いったいどう言葉にしていけばいいのでしょう?

一度、今の瞬間、瞬間を生き始めると、私たちの生き方が、他の人の典型的な生き方とは違うのだということを忘れてしまっていました。過去を手放すと、日常では当たり前になっていた痛みや苦しみを忘れることができます。今までに通り抜けてきた経験が、驚くような洞察力を得るコツを私たちに与えてくれていたのです。だから今、私たちと同じように苦しみ、実りを得ることがない道を走り回っている人に出会うと、こんなふうにお話しできるのです。

「あなたのことはとてもよく分かります。だって私たちもまったく同じ場所にいたのですから。でもあなたは、私たちみたいに時間をかける必要はありません。今日、今、この瞬間に、あなたはここまで来られるのですよ」と。そしてこれは真実なのです。

私たちの開発した「インスタント・トランスフォーメーション」の方法で、実に多くの人が、短時間で真の自己を見つけています。わくわくしませんか？　年齢、人種、性別、国籍、宗教にいっさい関係なく、人々の人生が変容していく様子を、私たちは何度も何度も実際に目にしてきました。それもあっという間にです。もうワークに熱中する必要はありません。ただ、この瞬間に生きるだけで十分なのです。

この本は、一人一人に変容を引き起こします。二人の考えや体験をブレンドしてお話ししながら、私たちのワークショップで何度も浮かび上がってきたテーマに触れています。

でもこの本をあまり深刻に読まないでください。そして、私たちの言うことを信じないでください。神は他人の信念体系など、不必要だということをご存じです。よければ、小説かミステリー、それともとてもおもしろいSFを読んでいるのだと思ってくださって結構です。

そしておそらく、そう多分、あなたは道の途中で、自分自身にどんどんぶつかるに違いありません。

エリエール＆シーヤ・カーン

どうしたら、これでいいんだって思えるんだ？
こんなにめまぐるしく変わっていく世の中で
いったいどうしたら、これでいいんだって思えるんだ⁉

ヤング・ラスカルズ

第一章
どうしたら確信が持てるの？
HOW CAN I BE SURE?

　現代に生きる私たちが向き合わなければならない選択肢は、十年前に比べてずっと分かりにくくなっています。昔だったら、社会で果たすべき役割もあらかじめ決まっていたし、文化が指し示してくれる規定にただ盲目的に従っていれば問題なしでした。でも、人々は次第に、自分の道を切り開いていくパワーを持つようになったのです。

　自分独自の道をそれぞれが歩みはじめたとき、疑問が頭をもたげてきます。

「私がやってることって正しいの？」

「私は、ちゃんとした人と一緒にいるわけ？」

「この仕事は、本当に僕にあっているのだろうか？」

「僕は本当に自分の子供が欲しいのか？」

「引っ越しすべき？」

　でも、いったいどうしたら、「これでよし！」という確信が持てるのでしょうか？

私たちはいつも、広大な「可能性」と「選択肢」の行列を前に、自分のした選択が正しかったのだという確信を求めます。自信を持って、でもがちがちにならずに。そして、自分たちの人生がきちんとした方向性と目的とそして意味を持っているかのように感じたがるのです。自分が自分らしく調和した存在でいたい、生産的で生き生きとしていたいという希望を抱きつつ、読書を重ね、探求し、人と意見を交換しあいます。私たちは「探しまくる」のです。つまらない日常を、わくわくして息をのむような冒険に変えてくれるものを。心の安らぎと健やかな体と、そして満足感を追い求めて。

その秘めた心の中で、人々が追いかけているのは、世代を超えて賢者たちが語り継いできたもの、「覚醒」または「悟り」ではないのでしょうか。

似たような概念はたくさんあります。涅槃に入るであるとか、目覚めるとか、大いなる道とか、地上の天国、キリスト意識、またはハイヤーセルフとつながるとか……。

私たち二人は大人になってからの大部分を「不思議や奇跡の探求」に費やしてきました。満たされ、自己を十分に表現し、そして創造性にあふれた存在のあり方をひたすら求めてきたのです。このつかまえどころのない状態を求めて、数え切れないワークショップに参加し、マスターと呼ばれる人々と世界中を旅しました。そしてたどり着いた結論が、覚醒も、自己実現も、自己に満足することも、すべて「今、ここに存在している状態」と同じ所にあるのだということだったのです。

天は地上で実現されます
私たちの人生が輝き始める
今、この瞬間に――
夜が明け、また日が暮れても、
天地が共にあるこの場所を求めましょう
瞬間から瞬間へ
楽しく、素晴らしい時ばかりでなく、
どんな時にも求めましょう

第二章
今、この瞬間を生きよう
GETTING TO THE MOMENT

　これから、いくつかの鍵についてお話ししましょう。

　その鍵は「瞬間」に生きるためのドアを開いてくれます。

「今を生きること」はあなたに変容をもたらし、より効果的、生産的で満ち足りた人生を約束します。

　また、生き生きと生きることを邪魔している障害物についても説明していきます。

■逆説と混乱のなかで
PARADOX AND CONFUSION

悟りに至る扉は、二頭のライオンが守っていると言われてきました。一頭はパラドックス、つまり逆説を表しています。本書を読み進めていくと、いくつかの考え方の中に、逆説が含まれていることに気づくでしょう。言い換えれば、互いに正反対に見える二つの考え方を、同時に提案しているように思われるかもしれないということです。パラドックスとは、一見矛盾した二つの考えがどちらも真理である場合を言います。例えば、「水、水、そこら中水でいっぱいなのに一滴の水も飲めない」という場合。そこら中が水でいっぱいなら、その水が飲めないわけはないと思うでしょう。でも、あなたが筏《いかだ》に乗って海の上を漂っていたとしたらどうでしょうか？　その場合、この文章は間違っていないばかりか、意味がよく分かります。

もう一頭のライオンは混乱を表しています。おそらく、この本をお読みになったあなたは、最初はまず本書で述べているいくつかの概念について混乱してしまうかもしれません。これもよくあることです。初めて聞く考え方は、すぐに意味がすっと入ってくるとは限りません。それはすでに知っていること以外の情報だからです。あらかじめ、この混乱に対しては、謝っておきたいと思います。

■「本当に」耳を傾けるということ
LISTENING TO YOUR WAY TO THE MOMENT

「今」に生きるための方法の一つは、人の言うことに心から耳を傾けることです。一つ一つの会話を大切にして、新たな気持ちで相手がどんなことを伝えたいのかを「本当に」聞こうとすれば、あっという間に人生を変えることができます。

本書の場合、「聞くこと」は「読むこと」になります。おそらくここで述べることは耳新しいことではないかもしれませんが、新しく聞こえるかもしれないのです。

「本当に耳を傾ける」ことは、相手の言葉を積極的に聞くことです
話し手の立場にたち、
相手が伝えようとすることを理解しようと努めながら

……………………

お読みになったことを新鮮に受け止め、本当に私たちの伝えたいことに耳を傾けてくれれば、あなたの人生は、一瞬で変容を起こすかもしれません。

禅には「初心」という言葉があります。初めての人には、もう知っているとか前に聞いたことがあるといった先入観がありません。新しいもの、まだ見ぬものが持つ可能性だけが存在しているのです。

■「比較すること」をやめよう

COMPARISON

比較することは、今を生きることを邪魔します。マインドは「今この瞬間」を、記憶バンクにしまってある他の瞬間と比べます。何か物珍しい新しいものと取り組むとき、まずマインドは前から知っているそこそこ似ているものの複製として受け取り、一つのグループにまとめます。でもほとんどの場合、これが的外れなのです。うまく転べば、「生きている」というニュアンスを奪いとるだけですが——生命の豊かさというものはこのニュアンスの中にこそ生まれるのに——最悪の場合、マインドの解釈が完全に間違っていることも起こります。

ある友人が子供のころ、「マイボニー」という歌を聴きました。「私のボニーは　海の向

こうに　眠る」という歌詞があるのですが、小さかった彼女の頭に「ボニー」という単語はありません。彼女はボニーという人の名前の代わりに「ボディ」、つまり体だと聞いてしまったわけです。「私の体は　海の上に　横たわる」

この歌を耳にするたび、いつも頭の中に、静かな青い海の上を浮かびながら漂う人のイメージを描いていました。今、大人になって、彼女は自分の間違いに気づきました。よく似ていたり、同じように見えているものが、実はまったく別物だったのです。小さくても年をとっても、マインドはこんなふうに機能しています。

■今、自分のいる場所を見つけよう

WHERE ARE YOU?

例えば今あなたは、自分がニューヨークのどこにいるのか分からないとしましょう。そして、七十二丁目のブロードウェイに行きたいと思っています。もちろん地図を買って、七十二丁目とブロードウェイが交差する所がどこかを調べることは可能です。でもそれだけでは足りません。まず、自分がどこにいるのかが分からなければどうしようもない訳です。

where... ?

「今」自分がどこにいるかを知らなければ、行きたい所へたどり着くことはできません。スタートポイントはまず自分がどこにいるのかを発見することです。自分が、この瞬間どこにいるのかを知ったとき、何かが変わります。これには、自分の人生に起きていることにある程度身をゆだねることが求められます。

水中でゆったりリラックスすれば、体はぷかぷか浮きます。でも、もがいて力んでしまうと、体は沈み溺れてしまうでしょう。人生もまた同じです。

自分の人生の一瞬一瞬に起きている出来事にきちんと立ち会えば、人生はあなたを全面的にサポートします。でもああなってしまうかもしれない、いやこうなるかもなどと、未来の出来事をあれこれ心配するならば、それは「今」にいることにはなりません。それは水中で息を吸おうとしているようなものです。あなたは沈み、溺れてしまいます。

多くの人が、まるで人生にのみ込まれてしまっているかのように感じています。これは、今、人生のこの瞬間に自分が誰といるのか、何をしていて、どこにいるのかに気づかないまま、自分の人生を「正しく」生きようとすることが引き起こす作用なのです。

起きていることをそのまま認め、
ニュートラルにあなたの人生を観察しましょう
見えるものを操ろうとしたり変えようとしないことこそ、
「変容」を起こす鍵であり、本質なのです
「判断しないものの見方」
それこそが「気づき」なのです

第三章
気づき
AWARENESS

人は自分の抱える問題に取り組む必要はありません。ただそれを意識し、気づけばいいのです。

目覚め、変容するためには、今この瞬間に何が起きているのかに気づくことです。

「気づく」とは、意識したことに関して何かをしなければならないということではありません。何もしなくていいのです。それを直そうとしたり、変えようとする必要はありません。

これはなかなか理解しがたい概念でしょう。普通は自分に問題があると気がついたら、ネガティブなものと捉えて、批判、判断し、それを嫌って変えようとします。これは「気づき」ではありません。気づきとはニュートラルなものです。

例えば爪を噛むなど、自分が機械的にある動作をしてしまっているとき、そのことに気づいただけで、自然にその癖は遠のいていきます。適切な行動がとれ、その動作を続けるか否かを選択できるようになります。

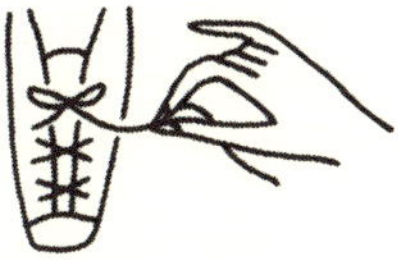

■変容という体験

THE PHENOMENON OF TRANSFORMATION

「変容」は、実際には言葉を介しては起こりません。変容とは体験であり、概念ではないのです。けれども、マインドというものは概念しかつかむことができません。実際に太陽の光がさんさんと溢れるビーチに寝ころんでいることと、太陽の光がさんさんと溢れるビーチに寝ころんでいると考えることとの間には、深遠な違いが横たわっています。

体験は自然に概念へと変化していきます。一時的な変化ではなく、その状態を保ちたいのなら、「考えてしまう」癖を追放しなければなりません。そうでなければ、どんな変容を起こそうが、すぐマインドが追いついてきて、なくなったものを埋め合わせ、あなたは振り出しに戻ってしまいます。だからこそ、人は頂上《ピーク》体験をするのです。頂上だけを体験して、すぐそこから降りてきてしまうからです。その体験は長続きしません。ちょっとだけいつもの機械的なあり方から抜け出るのですが、マインドが素早くコントロールを取り戻し、もとの行動様式にすっかり逆戻りして、前とまったく同じ状態になってしまいます。

ある男性が私たちの主催するワークショップ、「インスタント・トランスフォーメーションセミナー」に参加しました。彼はその夜、魔法をかけられたように感じました。急に心配が薄れ、仕事場では次の週、ほとんど努力もしないのに、仕事の効率が抜群に上がりました。ここ何年かでは珍しくぐっすりと眠れ、人生がすべてうまくいくかのように思えたのです。

一年後、彼は別のセミナーに現れましたが、私たち二人に対する怒りをあらわにしていました。「あっと言う間に変われるはずじゃなかったんですか？　あの後二週間くらいしか続きませんでしたよ」と彼は言いました。

この人は魔法の薬を探していたのです。一回その薬を飲みこめば残りの人生、自分がどう生きるのかなど気にする必要がなくなる薬です。最初のセミナーで彼が変容を起こしたのは、あら探しをすることなく自分を見ることができる環境が得られたからです。セミナーは中立の光で彼の人生を照らし、このため彼は自分自身を裁くことなく眺めることができたのです。

このセミナーから得た気づきは瞬時のシフトをもたらしました。でも、一度の気づきがすべてを変えてしまうわけではありません。その気づきをどう自分自身や身のまわりに生かしていくのかが求められます。変容を長持ちさせたいと思うなら、それをサポートしていかなければなりません。スポーツジムに行って「ああ、今日はすごい運動をした！　これで、あと五年や十年は運動しなくて大丈夫だろう。じゃあ、また十年後に！」などとは言わないでしょう？　瞬間から瞬間に生きるという能力は、普段使っていない筋肉を使うようなものです。鍛えれば強くなり、スタミナや耐久力も手に入ります。

矛盾して聞こえるかもしれませんが、一方で、自分自身の問題にワークしても役に立たないと言いながら、もう一方で、変容を維持し、その体験を拡大していくためには、自分の人生と真剣に取り組み、どう生きていくかを意識しなければならないのです。

■「変化」から「変容」へ
CHANGE-VS-TRANSFORMATION

かつては「変容」とはあいまいな言葉でしたが、ここ数年でしっかりと市民権を得ました。しかし多くの人がまだ、「変化—Change」と「変容—Transformation」はほとんど同じだと思いこんでいます。でも、実はこの二つの言葉の意味は違います。

この本を読んだ後、皆さんが正しい言葉遣いができるように言語矯正をしようなどというつもりはまったくありません。ただ、ここで私たちが「変化」に対して「変容」という言葉をどのような意味で用いているのかを理解していただくことはとても大切なことです。このパートは、二つの言葉の意味の違いをはっきりさせることに費やしたいと思います。皆さんが変容した状態を保っていくことができるように。

変容は瞬時にしか起きません。時間をかけて起きるものはすべて変化です。変化は漸進的で過去から未来に流れる直線的な時間の中で起こります。それに対して変容は瞬時に起き、指数関数的です。それは状態のシフトであり、時間を前後に移動します。水の分子が摂氏零度を超えると、液体から個体へと瞬時に変わるのと同様です。

変化は漸進的、直線的に進みます。時間がかかります。方向性を持ち、測定することができます。立証することが可能です。論理的であり、ものごとは順番に起こります。そして因果の法則に従います。

変容は指数関数的で、漸進的ではありません。至るところで一度に起こります。直線的ではありません。時間の外側で起きます。それも瞬時に。

変化は「過去／未来」を基準にしていますが、変容は「今」です。変容は今だけ、今この瞬間にのみ起きるのです。変容を起こすために、自分自身の問題にワークすることはできません。変化は「何かをすること」を求めますが、変容は「ありよう」なのです。

ここに来られたら
今、この瞬間に着いたら
毎日が特別になるでしょう
毎日は同時に
「深遠」であり、「普通」でもあるのです

「瞬間」にいることとは、あなたの過ごす日々、あなたの体の感覚や感情に表れてくる葛藤を内包することを可能にします。例えば、いやな気分の日もあるでしょう。でも、瞬間から瞬間に生きることができれば、この居心地の悪さを内包しながらも、満足と安らかさを体験していけるのです。

一度変容を起こせば、アセンション（次元上昇）して、二度と病気になったり死んだりしないという誤った考えを持っている人がたくさんいます。また怒ったり、うろたえたりしてはいけないと誤解しています。でもそうではありません。本当に今この瞬間に生きることができれば、人生に起きるどんなことでも統合していくことができます。そして満ち足り、やすらかでいられます。

変容を引き起こすのは「気づき」なのです。

「気づき」は　何も裁きません
自分自身と、
自分と人生とのかかわり方に立ち会って
ただ、眺めていることなのです

私たちが行っている「インスタント・トランスフォーメーション」は、「気づき」が基本になっています。「変化」の本質は心理的なものであり、問題とそれを解決する方法が基本になりますが、「変容」は人類学的です。人類学では異なる文化や部族の生活をただ観察し、批判や判断を加えたりはしません。例えば、「この部族は午前六時に地虫を焼いて食べる」と報告します。単に観察するのです。優秀な人類学者は、「今日、この異教徒たちが最初に行ったことは、へどが出るような地虫を食べることだった」とは言いません。

ここでお伝えしたいのは物事の「あり方—イズネス（isness）」であり、文化による判断ではありません。「気づき」を通じて、美しい、醜いとか、気持ちが悪いとあなたが「考える」のではなく、「あるがまま」に触れることができるようになります。このイズネスの発見を妨げているのは、あなたの批判や判断であり、偏見なのです。

「変化」	「変容」
●時間が経過する	●瞬間的
●過去／未来	●今、この瞬間
●直線的／漸進的	●関数指数的／飛躍的
●心理学的 原因／結果 批判、判断する	●人類学的 観察／気づき 批判、判断をしない
●二元的 善悪 正誤 正負 勝ち負け	●今どういうあり方をしているのかが基本
●マインド／生き残ることが基本	●自己／生き生きしているかどうかが基本
●合理的／論理的	●非合理的／直感的
●ゴール／行動が基本	●存在のありようが基本
●問題／解決	●今のあり方　イズネス
●決断	●選択
●操作的	●創造的
●反応する	●率先して行う
●排除	●内包
●階級的	●パートナーシップ／チーム

■自分のなかの「偏見」と向き合う

PREJUDICES

自分の機械的な習慣行動に気づきたいと思うなら、正直に自分の偏見を見直してみることが良い方法です。無知や間違った信念が、あなたを繰り返しのパターンに閉じこめています。時には、ある偏見に対する偏見も人を行き詰まりに追いやります。誰かがこんなことを言っているのを聞いたことはありませんか？　「私に偏見など何もない！」この言葉の奥には「悪者やばかなやつだけが偏見を持つんだ。もちろん自分はそんな人たちの仲間ではない」という思いが横たわっています。偏見を持つことは悪いことだと判断するなら、目隠しをつけるようなものです。そして、自分の機械的な行動を見る準備はまだできていないことになります。なぜなら自分の間違っている部分を見たくないでしょうから。この道は無知へと通じています。

辞書は「覚醒」をこう定義しています
無知、誤った信念、そして
偏見から自由になること

人は皆なんらかの偏見を持っています。それを否定するのは、自分たちは呼吸などしていないのだというふりをするようなものです。

例えばこの言葉はいかがでしょうか？

「なんてスタイルがいい人だ！」

バリ島では女性の夢は、たっぷりと曲線美豊かな腰の線を手に入れることですが、アメリカでは、女性はヒップをスマートにしようと一生懸命です。こんなことを考えたことはありませんか？　あなたが描く理想の男性像や女性像というものはひょっとして自分の育った文化が持つ偏見の結果であり、それが自分の能力を制限してしまっているのではないかと。「美しい目をしている」という言葉にさえ、偏見がまぎれこんでいるかもしれません。そう考える人は、おそらくほとんどいないのではないかと思いますが。

偏見とは、辞書ではただ「考えや知識なしにあらかじめ形成された意見」と書かれているだけです。覚醒に通じる自分自身への入り口を発見したければ、自ら進んで、育ってきた文化や家庭によって作りだされた信念や偏見を見直していかなければなりません。そうして自分にとっての真実とは何かを見つけるための勇気を持つ必要があります。

■目隠しを外したら

TAKING OFF THE BLINDERS

文化によって形成された人生観に盲目的に従うことから自由になるプロセスの一つとして、自分が何に抵抗しているのかを見るという方法があります。

例えばあなたが、誰かに反抗して自分の進む道を選ぶとしましょう。それが親の場合もあり、教会のような組織の場合もあるでしょう。しかしそれは、あなたの道をたった一つにせばめてしまうことになります。

これは「彼らのようにはなりたくない」という名前の道です。人生の無限の選択と可能性を手に入れるのではなく、あなたの行動はあなたが抵抗しているものと正反対のものの中に制限されてしまいます。「断固たる」という意味で、「死ぬほど反対」とか、「死ぬほど正しい」という言い回しが英語にはあるのですが、両方に「死」という言葉が使われているのもうなずけます。ほかの可能性をすべて遮断するようなポジションに自分を固定してしまうと、それは精神の生き生きとした活力を奪います。創造性と不思議さが失われるのです。

■まだ「自分が正しい」と思いたい？

BEING RIGHT-VS-BEING ALIVE

たとえ話をしましょう。ここに二つの家があるとします。あなたはそのうち、どちらか一つにしか住めません。家の名前は「正しい家」と「生き生きとした家」です。

正しい家では、あなたは正しくなくてはいけません。まともでなくてはだめです。実際に正確で間違いがないとは限りませんが、常にすべてがあなたにとって正しいのです。言い換えれば、あなたの観点のみが許され、あなたの見方に同意しない人はすべて誤っているわけです。

生き生きとした家では、愛と健康と幸せ、満足や人とのつながりなどが体験できます。自分自身を思いきり表現することができます。

どちらの家に住むにしろ、家賃を払う必要があります。正しい家に住むためには、愛と健康と幸せ、満足や人とのつながり、完全なる自己表現を代償として支払わなければなりません。

正しい家
生き生きした家
どっち？

生き生きした家に住むためには、代償として払うのは「正しくあること」です。生き生きして喜びにあふれた人生を得るのに支払うのはそれだけです。人生のあらゆる側面を支配している「自分が正しいと思いたい気持ち」を、進んで手放さなくてはなりません。これは特に実際あなたが正しい場合、とても難しいことです。けれどもたとえ相手が間違っていることを証明できて、あなたが勝った場合でさえ、あなたは負けたことになります。内側の何かから生気が失われるからです。

第四章
過去の埋葬

DEATH OF THE PAST

　ほとんどの人が自分の過去に起きた「お話」に強い執着を持っています。そして、そのお話がいかに自分の人生に強い影響を与えているかに気づいていません。しかも良い思い出だけにしがみついているのではなく、嫌なつらい思い出にもしがみついているのです。もし過去をすべて手放してしまったら、自分が面白くもなんともない人間になってしまうとか、もう自分が誰だか分からなくなってしまうのではという怖れが存在します。

　そう、何か自分にとって大切なものが死んでしまうのではないかという怖れ……。人間として、持てる潜在能力を最大限に発揮するためには、自分たちがすでに知っていることを手放していかなければなりません。ほとんどの人が皆、生き残れないのではないかという怖れから、知っていることにしがみつきます。同じ古い「お話」の中に私たちが閉じこめられてしまうのは、私たちがそのお話を決して完結させせようとしないからです。目覚めること、つまり、今この瞬間に生きる能力とは、「過去の死」を意味します。今まで人生を捉えてきた古いやり方を手放すことです。この瞬間、真の自己を発見するために、過去への執着から一歩外へと踏み出さなければなりません。

■「記憶」は事実？　それともフィクション？

MEMORIES：FACT OR FICTION

記憶について少し調べてみましょう。よくある誤解は、自分たちの記憶は過去を正確に表していると思いこむことです。しかし事実は、記憶とは、その時、その出来事を体験した人の目から見た単なる記録にしかすぎません。

ここ五～十年であなたの人生は発展しましたか？　この質問に対して答えがノーであるなら、あなたのもっとも信頼すべき記憶でさえ、制限された自分自身がセットして、その後何度も繰り返し再生した結果、だんだんゆがめられてしまったと言えます。そう、古いテープのように。

子供のころ不当に取り扱われた記憶だとか、不愉快な思い出などは、その時の未熟な子供自身の声で語られます。そのお話が自分自身や人に対して後に語られる度に、その時点での観点が入り込み、だんだん尾ひれがついてくるのです。

ここに、いかに私たちの記憶がいいかげんなものかが分かる良い例があります。ここからはシーヤがお話しします。

＊　＊　＊　＊　＊

私は以前メイン州に家を建てたことがあります。それは森の奥深くにあり、４ＷＤでないと行けないような所でした。そこには何十年も前に建てられた古い農家の建物があり、その土台を利用して自分の家を建てたのでした。

ある日、一人の老人がやってきました。彼は「私はずっと前、まだ子供のころにここに住んでいた者です。自分が住んでいた所をぜひ拝見したいのですが、かまわないでしょうか？」と言いました。

「もちろん」と私は答えました。彼は喜びました。

「確か、ものすごく大きな地下室があったんですよ。十五メートル四方の。ともかく巨大な地下室です」と彼は言いました。

それで、地下室のほうに二人で行きました。その地下室の上に、新しく私が家を建てたのです。実際にその地下室は六メートル四方しかありませんでした。老人はショックを受けました。

「信じられん。こんなに小さかったなんて。ここで育ったときは、もっと巨大だったのに」

地下室から階段を上って明るいところに出ても、彼はまだ信じがたい様子で首をふっていました。

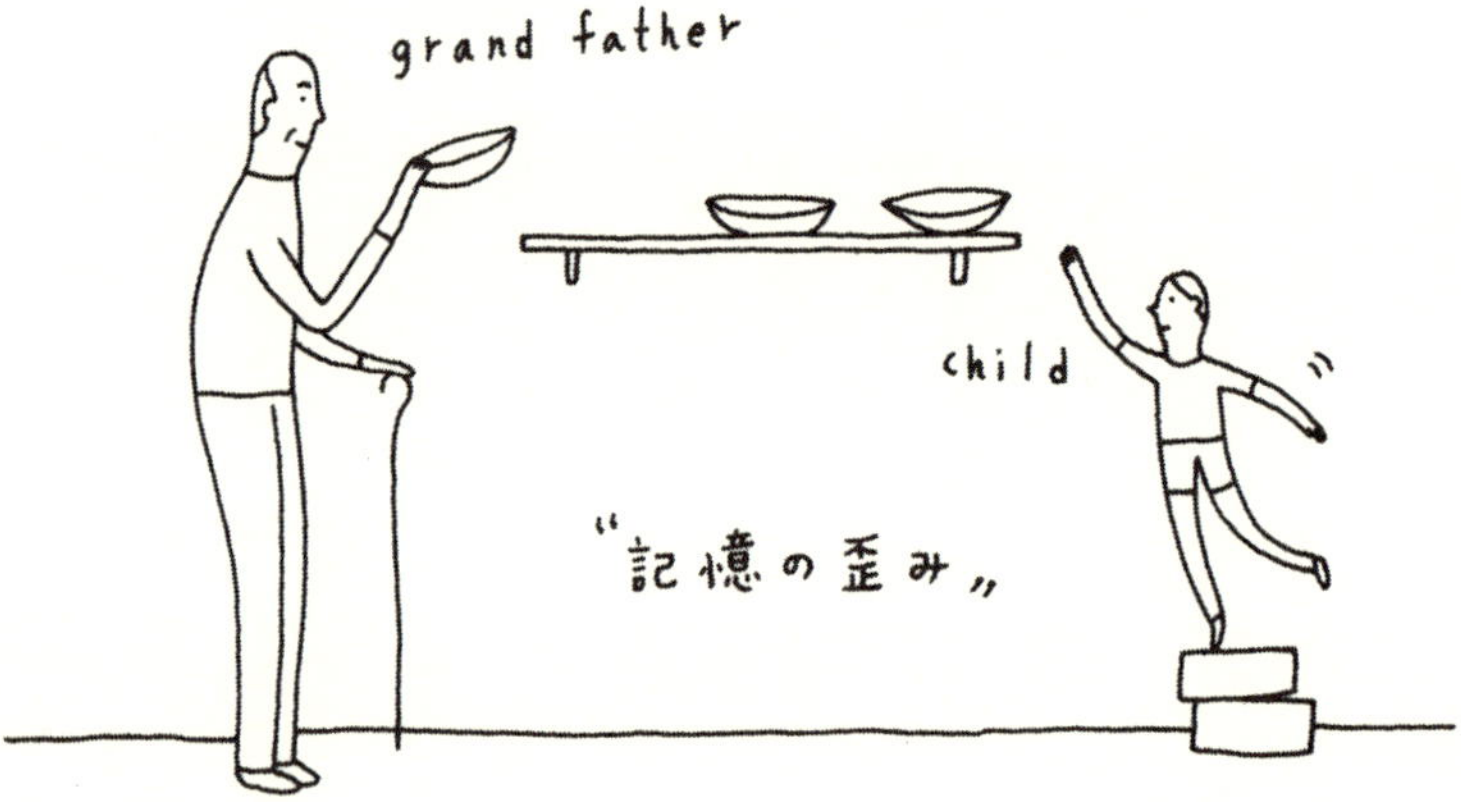
grand father
child
"記憶の歪み"

「それから、井戸があったんです。確か十二メートルから十五メートルの深さでした」と老人は続けました。

敷地内には井戸は一つしかありません。最初にここに来たとき、その井戸の底をさらうのが大変でした。泥を掘り出し、枯れ葉や瓦礫《がれき》を取り除かなければならなかったのです。老人を井戸のそばまで連れていきました。実際には井戸の深さはせいぜい二、三メートルしかありませんでした。

＊　＊　＊　＊

小さな子供にとっては、二メートル、三メートルも十五メートルくらいに感じられます。でもそれは、子供の観点から見た記憶のゆがみなのです。

……………

自分の過去を信じることは
嘘の上に創り上げられた人生を生きるようなものです

最近の研究によれば、「偽の記憶」は、実際の出来事の記憶よりもさらに鮮明に思い出すことさえ可能だそうです。

ウエスタンワシントン大学で、科学者がある実験を行いました。被験者には、本人の子供時代のエピソードに関していくつかの質問をすること、そして、あとから家族のそれに関する記憶と比較するということを伝えてありました。

でもこの実験には仕掛けがありました。被験者には内緒で、まったく架空の出来事に関する質問をしたのです。子供のころ、ある結婚式に出席したとき、フルーツポンチのシロップを花嫁のお母さんの膝にこぼしてしまったという事件です。一番初めは被験者の誰もこのことを思い出すことはできませんでした。

あとから、再び同じ被験者にインタビューを行いました。驚いたことにその架空の事件を今では思い出せるというのです。この時点で、何人かはその事件の細かい所まで「思い出した」と報告しています。

実験者は、偽の記憶は、他者からの暗示によって実際の記憶と組み合わされて創り出されるということを発見しました。

この研究を読んで、私たちのクライアントのケースを思い出しました。トムというクライアントは、家業を継いで社長をやっている人です。トムの父親は細かいことにまでうるさくて、彼が小さいころはいつも恥をかかされてばかりいたと言います。例えば、トムが言いつけられて芝刈りをしても、ちゃんと刈れていないからと自分で刈り直すような人だったと例をあげて話してくれました。

この出来事をさらに私たち三人で話し合った結果、心臓外科医であった父親はとても几帳面な性格だったことにトムは気づきました。父親は、トムを辱めるためにやり直したのではなく、出来が単に自分の基準に合わなかっただけだったのです。大人になってからのトムの目には、父親の基準は法外なものには映りませんでした。まだ十歳だったその時の彼は、芝刈りなどしたくなかったのです。当然、芝刈りの出来も合格点には達しません。

セッションの結果、トムは疎遠になっていた父親との関係の修復に一歩踏み出しました。その過程で、父親は記憶の中の彼よりもずっと寛容で、やさしい人であることを発見しました。事実、彼は素晴らしい人物で、その長所の多くをトムも受け継いでいたのです。

では、次にトムの弟のジムについて話しましょう。ジムは国外で同じ家業のビジネスに就いていました。本社にジムが来たとき、相談があるということで私たちが呼ばれました。そして驚いたことに、ジムもまた芝刈りの話をしたのです。要求が厳しく恥をかかせる父親の話は、その出来事がジムに起きたかのようでした。トムが話したときと、同じ緊張感、同じ文章構造と抑揚がありました。

あまりにも話が似通っていたので、二人にいろいろと質問してみました。そして分かったのは、二人とも直接的にはその出来事を正確に覚えていなかったということです。実際、「すべてを見た」と言う二人の姉の目撃談がもとになっていました。話を聞くまでは、そんな体験は起きてはいず、その後の父親に対する態度は、姉の目から見た観点を満足させるものへと作り上げられていったわけです。二人は何が起きたか何度も聞かされたことを、自分が体験したかのように「思い出して」いたにすぎません。


『羅生門』という古い映画があります。黒澤明が監督したもので、これと同じテーマを扱っています。一九五〇年代初期のこの日本映画は、男とその妻、そして三船俊郎演ずる山賊の三人が体験した出来事を描いています。三人が同じ出来事を共に体験するのですが、それぞれの体験は一人一人の記憶と観点からみて、何が起きたのかが描かれています。

最終的には、観客は実際に起きた事実を知るのですが、それは三人が見たと思ったものからは、およそかけ離れたものでした。私たち人間の記憶は、個人の計画や観点によって偏向しています。その記憶を「真実」だと信じるのなら、明らかに道を誤ることになるでしょう。

第五章
インスタント・トランスフォーメーション
INSTANTANEOUS TRANSFORMATION

ここまでお読みになったあなたは、「分かった分かった。それじゃあ、その“インスタント・トランスフォーメーション”っていったいどんなものなの？」とお聞きになるでしょう？

では、次の話はエリエールからお話ししましょう。実際のインスタント・トランスフォーメーションがどのようなものかが分かります。

私たち二人はある会議の講師として、インドネシアのバリ島を訪れていました。そのイベントに出席していたジョディという女性が、私たちに個人カウンセリングを申し込みました。彼女が部屋に来たときには、誰も次のようなことが起きるとは予想もしていませんでした。

午後四時ごろ、ヌサデュアビーチホテルの私たちの部屋には、まだあざやかな太陽の光が差し込んでいました。この部屋にエアコンがあって助かりました。私は暑さや湿気は苦手なのです。第二回地球会議は、私たちの家から一万二〇〇〇マイルも離れたここバリ島で行われていました。それでもジョディが部屋に入ってくると、バリの環境がすっと遠のいていきました。ホテルの部屋にはそんな機能が備わっているのです。すてきな部屋も、それほどでもない部屋も、皆、匿名性を持ち、時間の外へ運び出してくれる不思議な力を持っています。背景も、街も、そして国そのものさえもが退き、あとにはあなただけが残ります。まるで、ホテルの部屋は空っぽの船で、何千もの転生が生み出す何千もの瞬間で満たされるのを待っているかのように。そこを聖域だとか、深い癒しの起きる場所とはあまり考えたことはないのですが、そうなり得る場所ではあるのです。

ジョディはほっそりした女性で、カールした長い黒髪は光のなかできらきらと銀色に輝いていました。ドアを開けて入って来たとき、緊張感が彼女から伝わってきました。

「ジョディ、今日はどうしてセッションを受けようと思ったのですか？　何かが起きてほしいと思っているのかな？」

椅子に腰掛けながら、シーヤが尋ねました。

「分かりません。すごくいいと、人に勧められたんです。あなたのセッションは普通とは少し違うと聞いています。悩みの相談に乗ってくださったり、ビジネスのコンサルティングをしているということ。そして、痛みをびっくりするほど和らげてくれるとも聞きました。実は私、重い荷物を運んでいるのが原因で、ひどい痛みがあるんです。ともかく肩の痛みが何とかなればと思って来たんです」

「分かりました。ではマッサージテーブルのほうに移ってください。うつ伏せになって、できるだけのことはやってみましょう」

私たちがやろうとしていることが、普通のマッサージに見えることは承知しています。けれど、シーヤの編み出したこの痛みを解放するテクニックは現代の錬金術と言えるでしょう。古代の錬金術は「賢者の石」を使い、鉛を金に変えたといいます。私たちのテクニックは、その賢者の石なのです。

ジョディが体の痛みや緊張とともにあることを認めたとき、痛みは消えました。まさしくインスタントに。

話をしながら、筋肉から緊張を解き放つようにワークしました。痛みを別の場所に移動させるのではなく、ジョディにはただ、そこにあるものに繋がってもらったのです。私たちが見つけたスポットを彼女が感じるたびに、緊張は解けてなくなっていきました。

そしてセッションが始まって半時間ほどたったとき、シーヤがジョディの首の硬いツボに触れました。私は彼女の腰に手を置き、基本的にそこのポイントを押さえていました。ジョディは息を止めているように見えました。

「深呼吸をしてください。口で呼吸して、胸いっぱいに吸い込んで」　私は静かに彼女の耳元で話しながら、悲しみの波が押し寄せてきたように感じました。

「これは何？　ジョディ、心の目で何か見ているの？」

ジョディは荒い息を一つして、口に出した言葉をのみ込みそうになりました。消え入りそうな声で、「なんて馬鹿なの、なんて馬鹿なの」とつぶやいたのです。

何を言っているのか私には意味が分かりませんでしたが、そんなことはかまいません。

「馬鹿でも大丈夫。さあここのスポットを感じつづけて」

「悲しんでもいいのですよ」とシーヤがつけ加えました。

赤ちゃんがとてもたくさんの空気を必要とするように、その深い嘆きを解放する直前、ジョディは胸に空気をいっぱい吸い込み、静かにすすり泣きを始めました。

「思いきり泣きたければ、声を出してもかまわないんですよ」と私は彼女の耳にささやきました。廊下を通る人は、幼い子供が火のついたように泣いていると思ったでしょう。まさにそんなふうに聞こえました。体をゆすりながら彼女は泣き、私たちはただ一緒にいました。その時、ジョディとともにいることが不思議にいい気持ちだったことを覚えています。それはあたかも生命の源そのものに触れたかのような、神聖なフィーリングでした。ジョディの泣く声は、忘れられていた魂の声です。長い、長い間、外の寒さの中に置き去りにされていた魂がやっと家に帰ってきたのです。

「ジョディ、何が見えたの？」　シーヤがやさしく促しました。

「お父さんのタバコに触っちゃったの……」　最後の言葉はすすり泣きの中に消え入るようでした。号泣はやっと潮が引くようにおさまり、ジョディは少しずつ、自分をコントロールできるようになっていきました。

「なんて馬鹿だったの」と彼女はもう一度言いました。

「大人のあなたに、見えたシーンが馬鹿みたいに思えてもかまわないの。忘れないで、理由はどうあれ、それは小さなあなたにとってとても大切なことだったのだから」

「私、お父さんのタバコに触ったの」

「そう、いくつの時？」

「たぶん、十八カ月くらいの時。ええ、それぐらい」

「そう、そして、何が起こったの？」

「お父さんに手を叩かれたわ。そして……お父さんは死んじゃったの」

これで、涙の意味が分かりました。シーヤと私は目を見合わせました。ジョディ本人はまだ気づいていないけれど、ここにさらに見るべき感情のパズルの一片が残っていることは明白でした。

「いつ亡くなったの？　何が起きたのかしら？」

「お父さんが私の手を叩いて、それから一時間後に心臓発作が起きて」

「あなたはそれをどう思ったの？」

「私が……お父さんを殺したんだ」

またすすり泣きが大きくなりました。でも前よりは穏やかです。静かに、感情の嵐が去るのを待ちました。泣き声は静かに消えていきました。部屋の空気は誰かが浄化を行った後のように、清浄でした。土砂降りの雨が大地を洗い、ほこりを全部流しさって、きらきら輝くしずくを残していったのです。


「では、映画のように、今見たシーンをもう一度再生しましょう。でも今回は大人のあなたの目から眺めてくださいね。そして見たものを話してくれますか？」

ジョディがもう一度そのストーリーを見直したと感情のエネルギーは抜けていました。

「父はタバコを吸っていました。タバコの箱が見えます。ラッキーストライクだわ。リビングルームに置いてあります。私は手をのばして――」一息深い呼吸をついて、彼女はさらに続けます。

「そうしたら、父が私の手を叩いたんです。何かものすごく悪いことをしたと分かりました。その後すぐに死んでしまった。私がいたずらしたから死んだの。私が殺したんだわ」

「ジョディ、あなたが本当にお父さんを殺してしまったの？　お父さんの死にあなたは関係があるの？」

ジョディは少し黙り、ため息をつきました。「いえ、殺していないわ。ただ、殺してしまったと思いこんだだけ」

しばらくして、体を起こしたジョディは来たときよりずっと若く見えました。マッサージテーブルのはじに、少し震えながら、心もとなげに腰をかけました。私たちは落ち着くまでゆっくり時間をかけてかまわないことを伝えました。慌ててほしくなかったのです。ジョディの記憶はずっと深い所に埋もれていました。そして表面に出られる時を本当に長い長い間待っていたのです。ジョディは生まれたての赤ちゃんのように見えました。

「あなたたちってすごいわ！　こんなこと、今まで考えたこともなかったのに。何をしたんですか？」

シーヤは私を見、私はシーヤを見ました。少しほほ笑んで、二人とも肩をすくめました。

「実際にはね、ジョディ、私たちは何もしなかったんですよ。ただあなたと、そしてあなたの首に存在していたものとともにいただけです。今という瞬間にちょっとあなたに来ていただいて、そうしたら、子供の時にあなたの体に残されたものが表面に浮き上がってきたのです。見て、体験するために。時に、記憶というものはその人の体の中に貯蔵されます。その場所の緊張に触れて、そしてそこに存在しているものを感じてもらえれば、消えていきます。あなたの場合、首の痛みのスポットがお父さんの死の記憶を呼び起こすきっかけになりました。けれども、その場所を探し当てようとしていたわけでも、記憶をなんとか取り除こうとしていたわけでもないんです。あなた自身がそこに繋がっただけです」

私は彼女の隣に座って、手をとりました。「今はどんな気分ですか？」

ジョディは自分の内側をちょっと見つめて

「新しい。本当に新しくなった感じがします」

しばらく何も言わずに皆座っていました。静けさ、新しくなった気持ち、豊かさ、そして、ただ生きているということを抱きしめるかのように。

「ずっと悲しかったんです。でもそれがどうしてなのかまったく分かりませんでした」

「ジョディ」　シーヤは優しいほほ笑みを浮かべました。

「今日体験したことで、あなたの悲しみを非難してはいけないよ。ただ君は悲しかったんだ、それだけだよ。でも、今はどう？　まだ悲しい？」

「いいえ、もう感じません」　ジョディは今の状態をうまく説明できる言葉を一生懸命探し始めました。時がゆっくりと流れます。

「そう、感謝を感じます。そして、おもしろいぐらいに空っぽです」　ジョディはほほ笑みながら答えました。

私たちはうなずきました。その状態を私たちは深く理解していました。内側の深い秘密の場所で過去のかけらにしがみついている部分があって、この古い遺物をクリアにできたとき、あなたのハートにはスペースが生まれて、新しい人生を体験できるのです。

彼女が立ち上がったとき、体は自分で新しい肉体を組み直しました。以前は深い傷を守るかのようでしたが。彼女が体験したような変容はマッサージが起こしたものではありません。見たこと、「馬鹿だった」と感じたことを裁くことなく体験し、判断を手放してハートに存在しているものを感じたときに、変容は起きたのです。

ジョディは少しよろめきながら、午後のバリの太陽の下へと出ていきました。海岸へ続く道を降りてゆく彼女は、まるで新品の足を見つけたかのようでした。ジョディが自分の再生のプロセスに私たちを参加させてくれたことは、私たちに生きていることの素晴らしさと、祝福を与えてくれました。

このジョディとの体験が素晴らしいのは、それが予定されたものではなかったということです。このことは、私たちの計画でもジョディの計画でもなく、また、ジョディに何か「治さなければ」ならないような欠陥があるとも私たちは思っていませんでした。

私たちがしたことといえば、彼女が裁くことなく自分を観察できるように、ただ彼女と共にいただけです。「今、この瞬間」に彼女がいられるように、触媒の役割をしたにすぎません。そして、彼女が見たことを裁かず「今」にいたとき、人生が変容を起こしたのです。

セミナーに出席したあるセラピストは、私たちが明らかにジョディを過去に退行させ、それが治癒を促したのだと言いました。でも実際、私たちは何もしなかったのです。ジョディの子供時代を訪問することなど考えてもいませんでした。それは、ただ、その瞬間に起きたのです。

■「怒り」を受け入れよう

BEING IN THE MOMENT

この社会では、過去が今のあなたを創り出しているということが約束事になってしまっています。瞬間を体験することを妨げている主なものは、自分の「お話」への執着です。

だいたいその話は、今の自分がこうなのは誰かさんのせいであったり、何かが起きたせいだったりという内容です。

よくある間違った認識は、「自分がこういうふうになったのには絶対何か理由があるのだ」というものです。でも、もし理由なんかなかったなら、どうでしょうか？

時には気が遠くなるくらい長い間、人は同じストーリーを繰り返します。「僕は怒りに燃えている人間なんだよ。四歳のときに母親に殴りつけられたからね」　でも、繰り返し語ることは、怒りを軽減するにはちっとも役立ちません。それより、ただ自分を裁かず、怒りを感じることを許したらどうでしょうか？　過去や環境のせいにしないで。そうすれば怒りは薄れ、もうあなたを支配することはなくなります。

ジョディはセッションのあと、ある雑誌に変容を起こした自分の体験を細かく発表しました。それを見た人々が今度は私たちの所に波のように押し寄せてきたのです。彼らはみな、「無茶苦茶だった子供時代をなんとかして」という計画を胸に秘めていました。ほとんどの人が、いかに自分の両親に間違った育てられ方をしたのかを証明しようとやってきました。そのことは難しい挑戦を彼らに強いることになりました。自分たちは「正しく」て、親が「間違って」いるという思い込みは、普通は「問題解決」を望む思いよりも強いからです。

あなたは、子供時代を修繕するわけにはいきません。それはもう過去のこと、終わったのです。そして大きくなっていく間に自分のものになったお話、それはいい思い出も含めてみな、子供のマインドによって歪められているのです。メイン州のシーヤの家にあった地下室と井戸を見に来た老人のことを覚えていますか？　子供時代に住んでいた家を実際に見た彼は「幻滅」しました。幻想、つまり子供時代の記憶による「真実」が消滅したのです。

あなたの人生を「変容」という額縁の中に入れてながめてみましょう
それはいつも逆説を含んでいます
例えば
過去のトラウマはあなたの人生に影響を与えました
でも、今のあなたの状態を
過去のせいにはできないのです

■許し——過去のトラウマからの解放

FORGIVENESS

では、あなたの人生を変容に導く基本的な要素に目を向けてみましょう。まず親を許す、あなたの両親が行った間違いや、あなたが間違っていると感じた両親の行為を「許す」ことです。実際は、過去を許すのです。子供のころの記憶は長い間にゆがんでしまっているので、子供時代や過去、親や兄弟があなたとどのようにかかわったのかなどは、かなり見当外れなわけです。

これは変化をもたらそうと、自分の過去に取り組み、ワークすることからの劇的な別れです。これこそ、心理学的な枠組みから、人類学的枠組みへのジャンプなのです（人類学者は、ただ中立に見たことを変えようとせず、観察するだけです）。

また、自分の作り上げたストーリーが明らかになる所でもあります。

「私は読書が大好きなんです。母親が毎日私に本を読んでくれたから」という人がいます。でもこれは真実でしょうか。それとも、そういう体験がなくても、もともと読書好きだったのでしょうか？　逆に、子供時代の虐待や、壊れた家族関係のせいで、自分はどうしても人間関係に失敗してしまうのだと感じている人もいます。

何年にもわたり、私たちは実にさまざまな体験をした人を見てきました。性的虐待や、身体的虐待を受けてきた人、強制収容所を生き延びた人まで。そしてやっと、過去のトラウマに振り回されず、今現在の人生の選択をきちんとできる方法を発見したのです。

許し

1　恨む気持ちや、罰したい気持ちを捨てましょう
もう怒るのはやめましょう

2　許して、貸しを帳消しにしましょう
貸し借りなど初めからなかったかのように

子供が非常に厳しく両親を裁く理由の一つは、年齢が足りず、未熟なために、大人としてのものの見方をすることが不可能だったからです。大きくなってからは、昔に下した判断や存在のあり方はしっかり固定され、めったにチェックしたりはしません。

変だとか適切ではないと見えた事柄も、まず外側から眺め、そして両親（あるいはほかの人）の心の中や考え方、その時の人生の状況などに一歩踏み込んでいくだけのゆとりを持てれば、その意味を理解することができます。

親を裁くよりは、外から見てみてください。こういう人たちなんだというあなたの思いを通して見るのではありません。そうすれば、この地球という惑星で人間をやっていることは結構大変なのだなあという気持ちになって、自分の中に慈愛と共感に満ちた場所を発見できるかもしれません。

理想的には、自分にとって大切な人たち皆に温かくて親密な気持ちが持てればいいのですが、時には傷つくような言葉を言われたり、何かされたりして、その人との距離が離れてしまうこともあります。愛している人からがっかりさせられたり、傷つけられたとき、その出来事を理解することはなかなか難しいでしょう。その人の行動が合理的なものではなかったり、説明のつかないものだったりすると、その相手をまた自分のハートで包み込むことはほとんど不可能に近いのです。私たちのほとんどが皆少しでも近づきたいと求めているのに。

自分、あるいは人に対してもっともすばらしい贈り物の一つは「許す」ことです。もしその人の立場にたって、その人の靴を自分で履いてみて、一マイルでも歩くことができたら、理解が訪れ、失われたものを取り戻すことができます。

第六章
イーダの旅——死を目の前にしたとき

IDA

一九九三年、シーヤの母親のイーダが亡くなりました。彼女が死を迎える前後の時間は、驚くほど豊かで、実りの多い日々でした。

それは、多くの発見と許しの時であり、秘密が明かされ、パズルが解けていく道のりでもありました。この貴重な体験をあなたとぜひ分かち合いたいと思います。この章はエリエールの視点から書かれています。

もうイーダは息をしていませんでした。首の動脈はまだ規則正しく波打っていました。私は彼女の上にかがみ込んで、唇が青ざめていくのを静かに眺めていました。その瞬間はあとわずかで訪れるでしょう。シーヤの母親であるイーダはかなりの間、入退院を繰り返していました。八十四歳のとき、主治医が彼女の心臓を、すりきれ、使い古されたタイヤにたとえたことがあります。いつパンクしてもおかしくないと。無理もないことですが、シーヤの父のマックスはこのたとえを嫌がりました。確かに無神経なたとえではありましたが、避けられない事態に対して、マックスに覚悟を促そうとする医者の最大限の努力が感じられました。

五十年以上も、マックスとイーダは共に働いてきました。若い簿記係だったイーダは、縫製のセクションにいた若い裁断士のマックスに目をとめました。裁断士とは、型紙を布の上に置いて、縫製前に裁断する人です。マックスがイーダに初デートを申し込んだとき、春の最新のドレスのパターンを持ってくるという条件でオーケーしたそうです。マックスは約束を守り、その日が実りの多い関係の始まりとなりました。

私は時々、イーダはそのパターンを使って何をしたのかしらと思ったものです。彼女はあまりお裁縫は得意なほうではなかったからです。私が彼女に出会ったころは、自分のセーターに反対色のダイヤモンド柄のアップリケを付け、さらに別の古めかしい布を裾に縫いつけ、最後にマックスの工場から失敬してきたデザイナーブランドのラベルを付けたりしていました。イーダはびっくりするような帽子やセーターを持っていて、そこに自分たちのブランドラベルが付いているのを見たら、有名デザイナーたちはさぞ怖れおののいたことでしょう。

彼女の体は長い間かけてだんだん弱っていきました。初めはほとんど分からないくらいに。八十歳になってもまだニューヨーク市にある夫の会社、マックスケイン・ドレスカンパニーで週に二度は帳簿をつけていました。社屋はニューヨークの繊維業界地区にあって、デザイナーブランドのドレスや、ウェディングやパーティーのためのドレスを作っていました。

イーダの精神や健康状態の変化は、工場とともにあった彼女の人生の一つ一つの場面に、まるでスライドのように凍りついています。シーヤと私はよく工場に彼らを訪ねました。

もちろんたまには彼らのほうが私たちの家を訪ねてくれることもありましたが、イーダに会うのはほとんど、彼女が「例の場所」と呼んでいた工場でした。

そんな訪問の際に、イーダは私たち二人をびっくりさせるような質問をしました。彼女は「あなたたち、何が必要なの?」と聞いたのです。「もしお金が必要なら用立ててあげるわ。ただそう言ってちょうだい。でもミスター・カーンには内緒にね」

イーダは工場ではいつも夫のことを「ミスター・カーン」と呼んでいました。私たちの前でもそれは変わりませんでした。

シーヤにはこの援助の申し出はとてもショックでした。若いころも、大人になってからも、そのようなことは一度もなかったのです。彼の成長期には、家の経済状態は大変苦しく、古着でない洋服を初めて手に入れたのは彼が十五歳の時、自分の稼いだお金で買ったものでした。イーダの厳しいお金の使い方に関しては、この洋服の話も氷山の一角なのですが、これはあとからまた詳しくお話ししましょう。

ともかく私たちはイーダの申し出を受けることにしました。援助に対して心から感謝し、言われた通りミスター・カーンには話しませんでした。

また別の週末に例の場所を訪問したときは、イーダは景気のことやら、いま受けているいろいろな注文のことをいつものごとく話していましたが、急にマックスとはここ十年ほど交渉のないデザイナーのことを話しはじめました。まるで彼からの注文が最近のニュースであるかのようにです。それは古いプレイヤーでレコードをかけていたら針がジャンプして、突然前の歌が鳴り出したようでした。イーダの中では、もう時間は過去から直線的に流れてはいませんでした。帳簿をつける仕事もどんどん負担になるようでしたし、ちゃんとできるのかどうか心配になってきました。このころ、イーダとシーヤは率直に話をしたのです。

蛍光灯の下の小さな彼女のオフィスに腰をかけていると、遠くで何列も並んだミシンの音が音楽のように流れてきます。

「母さん、ちょっと心配なことがあるんだ」とシーヤは話し始めました。「母さんが病気か具合が悪くなったら、誰が父さんの財政や経理のことを知ってるの？　父さんはどんな株を持っているのかとか、どこに口座があるのか分かっているのかなあ？」

もちろん答えはノーです。イーダはずっと秘密主義を通してきました。配当金の通知が家にきていましたから、株があるのは明らかでした。そのころ届いたすべての封筒はイーダが輪ゴムで止めて保管していました。「いつ雑紙が必要になるか分からないんだから」というのが彼女の言い分でした。工場にいたので、彼女は大きな型紙を取り出して、そこに財産のリストを書き始めました。かなり抜けているものがあるようでしたが、それがともかくのスタートです。

結局イーダは仕事を辞めました。通勤時にさえ転ぶようになった彼女にはもう無理だったのです。幸いマックスはまだ力強く、イーダを抱き上げることができました。ずっとやってきた裁断の仕事は、一六〇センチ足らずのマックスの小柄な体を頑丈に仕立て上げていたのです。彼は自分がいない間イーダに何かあったら困ると心配しはじめ、ヘルパーを雇って彼女の話し相手と世話をしてもらうことにしました。

イーダの肉体的な衰えは、時には緩慢で、時には厳しく、いや応なく彼女を病室に送り込みました。イーダのように自立した女性が、車の運転を諦めなければならなかったのはとてもつらいことでした。誰も、運転をやめろと言って彼女から自由を奪うことはしませんでしたが、結局、駐車のギアとバックのギアを間違え、止めたつもりで車外に出たら車がバックして自分にぶつかったのを機会に、イーダはきっぱりと運転をあきらめました。

帳簿をつけるのをやめることも嫌がりましたが、すでに計算ができなくなっていました。イーダが言い張ったので、初めこそマックスは帳簿を家に持って帰ってきましたが、彼女はすぐに興奮したりいらいらしはじめました。それで、会社で経理担当者を改めて雇うことにしたのです。そろそろもう一度きちんと正直に話し合う必要が出てきました。こういう話はなんて難しいんでしょう。親にせよ、ほかの人に対するにせよ、年齢による体の衰えや頭や能力の衰えを話題にするのはつらいことです。こういう話題に慣れている人などあまりいないでしょう。おそらく、私の両親も私が成長していく課程で、私が嫌がることを話したときには、同じ思いをしたに違いありません。親子の役割はこうして、いつかは逆転するのです。私たちは、イーダが急速に子供になっていくに従って、彼女にとって一番良いことを望む親の役割を果たしていました。

勇気を出してシーヤは電話口で切り出しました。

「母さん、財産のことをちゃんとしておかなくちゃ。株の証券や証書などはどこにしまってあるの？」

イーダはそわそわし、口ごもりながら追いつめられたような態度をとりましたが、結局それは家に置いてあることが分かりました。冷凍庫の中にです。氷と一緒にカチンカチンになっている証券や証書。「凍結資産」などという言葉が浮かんできました。この分野は私たちの手に負えないことが分かっていたので、もっと知識のある人に手伝ってもらうことにして、友人の経理士、ジョシュ・ブロウに冷凍庫の「手入れ」を依頼しました。

それから一、二週間後に、私たちはイーダの家にいました。リビングのソファが汚れるのを嫌って、イーダはビニールのカバーをいつもかけていました。私はその座り心地が嫌で、キッチンの隅にイーダを呼んで、シーヤとジョシュが冷凍庫をチェックする間、おしゃべりをしていました。冷凍庫が空っぽだと分かったのはその時です。彼女が隠したんでしょうか？　これって新しいかくれんぼ？　いいえ、イーダは無実に見えました。ひょっとしたら、前に冷凍庫に入れていたことを思い出しただけかもしれません。探し出さなければ。

小さいころ、私と妹たちは何かを隠して、それを探し出す遊びをやりました。探し手が隠した場所に近づくと「だんだん温かくなってくる、熱くなってきた」とヒントを与えます。また、見当はずれのほうへ行きかければ「冷たくなってきた、氷のように冷たい！」と言います。

冷凍庫はとても「熱かった」のですが、実際の隠し場所ではありませんでした。冷凍庫の隣に古い茶色のショッピングバッグが置いてありましたが、このバッグこそ、燃えるように熱い場所でした。この中に、何年にもわたって蓄積された金融関係の書類と情報が詰まっていたのです。茶色い紙袋の貸金庫の整理は危険な任務でもありました。イーダは知らず知らずのうちに、仮想の侵略者に罠をたくさん仕掛けていたからです。彼女は紙クリップを買う必要などまったく感じていませんでした。衣料の製造工場には、山ほどの待ち針が溢れていましたから。ジョシュは必要な記録を引き出す必要はほとんどありませんでした。この大人バージョンの福袋の中に手をつっこむだけで、書類は勝手に引っ張り出されてきました。待ち針が指に刺さったままでしたが。

古い布類に埋もれるようにして、ストゥードベイカー社のような古い株が保管されていました。ほかにもまだ袋がありました。突然、すべてがはっきりしました。封筒と輪ゴムだけが、イーダのコレクションではありませんでした。このいくつかの袋の中で、子供たちやミスター・ケインにさえ内緒で、イーダはちょっとした財産を築いていたのです。これも正確ではないかもしれません。正直にいって、財産とは呼べないほどささやかなものでしたから。でもマックスはショックを受けていました。

「彼女はオレンジジュースでさえ、安いブランドのじゃなくて、割高のミニッツメイドのものを買ってくると怒ったのに」とマックスが言っていたのをはっきりと思い出します。

パズルの一片がぴたっとはまり、だんだん全体の絵が見えてきました。今なら、援助の話をミスター・カーンに言うなと言った理由が分かりました。イーダは、自分にお金の余裕があることを彼に悟られたくなかったのです。

その何カ月か後、病室のベッドの脇で彼女の唇が青ざめていくのを見ながら、移行の時が来たことを私たちは理解していました。

その瞬間が近づいてきました。イーダの手を握りながら、視線の方向、彼女の顔の前に自分の顔を近づけました。イーダに一人ぼっちではないと知ってほしかったのです。彼女は大きくあえいで息を止め、その時がきたと思いました。すると、体はパニック状態で息を吸い、肉体を手放しきれずに酸素が必要だと主張します。イーダの手は反射的に私の手を握りしめました。

イーダとこうして何時間か一緒にいます。息することをやめ、旅立ちかけるのですが、体は酸素を求め、怖れのあまり肉体に戻ってきてしまいます。彼女の肉体は、今までと変わらず「窒息するぞ！」の非常ベルや警笛を鳴らし続けていました。警告が鳴ると、彼女は命を失う怖れとともに振り出しに戻ります。私には怖れは何もありませんでした。そしてそれは私の表情や態度にも表れていました。

私は顔を近づけ、私の落ち着いた顔が最初にイーダの目に入るようにしました。安らぎが彼女に流れ込むように。

イーダが死に怖れおののいていることは分かってました。そして、今彼女が行っていることはトライアル、試走のようなもので、私がそばにいてあげることが、怖れを和らげ、楽に移行するための手助けになっていることも知っていました。そうしながら、私自身、たくさんの贈り物を受け取りました。彼女が戻り、私を見つめる目の中に宿る不思議な光を、そして愛に溢れる顔を見ることができました。また、意識が瞬間的に戻ったときには、同じ言葉を何度も何度も繰り返しました。

私には、これはずっと気にかかっていた、まだ解決できていない昔の心配事が出てきているのだと分かりました。それから、分かち合いたいと思っている自分が誇りに思える出来事の話もです。私は入れ物でした。これらのギフトを幸運にもたくさん受け取ることができたのです。病室にいたシーヤももちろん同じです。けれども私がこんなふうにイーダとともにいることを求めたので、彼はそうさせてくれました。

手を握りしめながら、イーダは現実にまた引き戻されます。しばらく混乱して、もっと空気を吸おうと体を起こそうとします。この感覚は私にはよく理解できました。時々、食べ物をのみ込もうとして代わりにつばを吸い込んでしまい、喉が詰まってしまうことがあります。それはパニック状態ではありませんが、息ができなくてリラックスできず、苦しいものです。このときイーダに教えようとしたのはまさにリラックスすることでした。

私の表情は〈イーダ、あなたが戻ってきてくれて本当にうれしいわ〉と言っていました。彼女の表情は厳しく、〈私にはまだ言っておかなくちゃならないことがあるの〉と答えました。

私が心から意図して耳を傾けると、彼女はこう言いました。

「お金に頼って生きてきて、それを失うのがどういうことか、きっと分からないでしょう？　二度とお金に頼るようなことはしないと誓うよ」

彼女の目は、「どうか判断を下さないで！」と懇願していました。

パズルの一片、一片がだんだん浮遊してきては、ぴたりとはまっていきます。多くの家族が、経済的に苦しい時期には、一円の支出にさえ目を配らなければならないということを体験しているでしょう。でもイーダの場合、それが一生、何においても最優先になってしまったのです。

シーヤが十三歳のとき、姉のサンドラの首にしこりができました。医者は「単に分泌腺が腫れただけですよ」との診断を下したのですが、それから六カ月たっても、この分泌腺は腫れたまま、しかも大きくなっていました。けれども、病院に行って、もう一度診察してもらう予定はありませんでした。医者にかかるにはお金がかかるのです。

結局、やっともう一度医者に連れていきましたが、そのときにはもう手遅れでした。サンドラの背骨はがんに侵されていて、七年間苦しんだ後、二四歳で亡くなったのです。

サンドラのしこりへの対応が遅れたことで、イーダを非難する家族もいました。でも、こうしてか細く年老いた彼女のそばにいてその手を握っていると、若いころ、人生のある時点でイーダは厳粛なる誓いをたてたのだということに気がつきました。たとえ代価がいかに高くとも、お金を貯めるのだという誓いです。彼女は自分に約束をしました。それがどんな未来を用意しているのかつゆほども考えずに。そして彼女が支払ったのは究極の代償でした。

「親が子供より長生きするのはよくないよ」とイーダは幾度となく言いました。

私は彼女に優しくほほ笑みました。

〈愛しているわ。あなたを許します。大丈夫、ゆっくり休んでいいのよ〉

まもなくイーダの意識は、楽しそうに無意識との間を行ったり来たりしはじめました。今日はイーダが死を迎えるべき日ではありませんでした。でもそれがもうすぐやって来ることは感じていました。

それから十日ほどたって、イーダは再び危篤状態に陥りました。もう、完全に寝たきりで、鼻には酸素のチューブが入れられ、心電図が取り付けられていました。息を吸い込みながら、詫《わ》びるように私たちを下から見上げていました。このような面倒をかけていることを申し訳なく思っているかのようでした。

もう一度、私はいつもの場所に腰掛けて、イーダの手を握りました。数分の後、彼女の意識はまた体から出たり入ったりしはじめました。再び呼吸は止まり、首の動脈は脈打っています。でも前に比べて、イーダははるかに楽に、そしてシンプルにそのプロセスをこなしていました。イーダの目は見開かれたまま、一点を見つめています。もうまもなく旅立とうとしていました。意識が戻ってくるたびに、彼女はリフレッシュして生き生きしていました。それはこんなふうでした。

イーダの意識が戻り、周りに気づいたときにシーヤが言いました。

「やあ、イーダ。すてきな旅だったかい？」

「ええ、もちろん。きれいだったわ」と熱く答えます。

時にはイーダは笑いながら戻ってきました。しわだらけの年老いた顔と落ちくぼんだ目が祝福を与えていました。そして、表情が和らぎ、もう一度行ってしまいました。目はまだ私を見つめているのですが、彼女はもうそこにはいませんでした。彼女の手を握りながら、私は待ちました。このときには、シーヤは私と一緒に座り、私と顔をくっつけました。再び戻ってきたときに、同時に私たちの顔が見えるように。

戻ってきたときに意識が混乱していることもありましたが、いつでも私たちの顔に会えて嬉しそうでした。

「あなたたちだったのね。本当に愛しているわ」と話し、また行ってしまいます。戻って来てはもう一度会えたことを、驚き喜んでくれました。

「ああ、あなたたちだったのね。本当に愛しているわ」

戻るたびに、それは新しい帰還でした。新しい彼女がいました。そして新しい私たちもいました。

ある時点で、彼女は非常な明晰さを長く保つことができました。そのとき、彼女はシーヤの手を取り、死にゆく賢者が行うように祝福を与えました。

「シーヤ、若いころはお前がこんなふうに立派になるなんて思ってもいなかった。お前のことをとっても誇りに思うよ」

なんてすてきな贈り物なんでしょう。シーヤと同じように、私たちは皆泣きました。手を握りしめながら、イーダの意識は再び漂っていきました。戻ってきたとき、シーヤの目を見て、「いつか、お前はきっととても有名になるわ」と言ったこともありました。

今や彼女は自分自身のリズムに従っていました。もう生きるために、私たちの援助を必要とはしていません。彼女の肉体も少しずつ閉じていきました。彼女は自分のレースをほとんど走り終わったのです。

■癒し――凍りついた心の謎

HEALING: THE FROZEN HEART

それから二晩ののち、ついに向こうへと旅立ちました。

イーダは、シーヤの妹が選んだマホガニーのとてもきれいなお棺の中に横たえられました。お葬式の前に家族が集まりました。

悲しみに彩られた日でしたが、私たちが家族として、結婚してイーダ・カーンになったイーダ・スペイラーのストーリーを分かち合えた日でもありました。イーダのお話は、子供たちから孫へと語り伝えていくべき遺産です。

イーダのたった一人残された妹ルースが、まず口火を切ってイーダの小さいころの話を始めました。イーダの小型レプリカのようなルースの語る古い話は、私たちにとっては初めて聞く新しい話でした。

「イーダはデランシーのそばのリビングストン通りで生まれたんだよ」

デランシーやリビングストンは、マンハッタンの南東にある通りです。

「初めはちゃんと生活できてたんだけどね、例の恐慌が起きたんだよ。父親は首になって、みんな失業したのさ。それでイーダが仕事を見つけて、家族全員を養うことになってね。イーダはまだ十三歳だった」

私は頭から冷水を浴びせられたようにはっとしました。全身が総毛立つような気持ちでした。これでパズルは完成したのです。小さな十三歳の女の子がその腕で両親と兄弟姉妹の生活を支えているところを想像してみました。ヘンリー、エディ、ルース、マット、母親と父親、そして彼女自身と、実に七人もの生活です。

「お金を頼りにしてきて、そしてそれを失うことがどんなものか想像もつかないだろうね」とイーダは言いました。

「私は、決して二度とお金に頼るようなことはしない！」と。

お葬式の間、私は自分だけの静かな祈りを彼女へ捧げました。

〈イーダ、イーダ、分かったわ。本当につらかったのね。きっとすごく傷ついたこともあったでしょう。その気持ちが今なら分かる。あなたをすごく愛しているわ。どうぞ、安らかに、休んでください〉

イーダは美しく、優しい人でした。でもその行動は心のトラウマによって曲がってしまったのです。彼女が下した決断はその人生を支配し、彼女自身と周りを取り巻く人々に深い痛みを与えました。でもイーダに与えられた環境の必然的な帰結として、その決断は、その時の彼女にとってはたった一つの、しかも知る限りでは最も適切な反応だったのです。

イーダの行動を「悪い」と批判や判断をしないことが、行動の結果もたらされたイーダの痛みを和らげました。そして最後に彼女は心の平和を見いだしたのです。そして、私たちもまた平和を見つけることができました。

少し前に、私たち二人はテレビドラマの『ジャスティス・ファイルズ』を見ました。その中での一つの挿話に、きれいで若い女性をレイプしたうえに殺してしまった男の裁判の話がありました。裁判の途中で、惨殺された女性の家族が立ち上がって、弁護士と裁判官に話をする機会を与えられました。それは、この出来事に癒しをもたらし、終了させるためのものでした。その女性の母親が、娘を殺したかどでたった今終身刑を言い渡された男の前に立って、「あなたを許します」と言ったのです。

母親は自分の心の中に、犯人を憎む気持ちを見つけることができなかったと言いました。なぜなら、憎しみがあったら、それが自分のハートを食いつくしてしまうからと。母親は犯人を許し、彼がこれからどこへ行こうとも、神の加護があるようにと祈りました。

あなたが誰かを許したとき、そこで本当に自由を得るのはあなた自身です。ほとんどの人が理解していないのですが、誰かの行動に対して恨みを抱いたとき、それによってあなたが罰しているのはあなた自身なのです。

たとえあなたが「正しく」ても、自分が正しく、相手が間違っているということにこだわれば、あなたの内側で何かが死んでいくのです。

第七章
「今、この瞬間」という贈りもの

BIRTH OF THE PRESENT

人を許し、過去の出来事を許し、自分の歴史を手放しはじめたら、あなたはそこで初めて「今、この瞬間」を見つけることができます。ここで提案している私たちのアプローチやパラダイムは、あなたの過去を繕ったり、問題のある箇所を修繕したりする方法ではありません。

このことは多くの人を混乱させてしまうかもしれません。というのは、人は物事を良くするためには、何かをしたいと思うのが自然だからです。「直すためのテクニック」がどうしてもほしくなります。「がんばればがんばるほど、もっと良くなる」と信じているのです。

でも、ここにもう一つのパラダイムがあります。それは、「ビーイング（being）――ただあること」と呼ばれます。

今、この瞬間に存在するなら、すべての問題は自動的に消滅します。なぜなら、すべての問題は過去と未来に起因しているからです。すべての問題は、過去を基盤にして未来に向けて起こり得る現実を投影したものなのです。

あなたが過去も、そして未来も手放すことができれば、もう問題は何も存在しません。口先だけのことのように聞こえるかもしれませんが、これは真実です。現在に存在し、過去の歴史と「お話」を手放せば、生命がよりこの瞬間の中に開かれていくのです。

たとえにエイズに感染した人の話をしましょう。その病気がひどい拷問になっている男性を知っています。やがて訪れる運命に彼は怖れおののき、消耗しきっていました。それは非常につらく苦しい体験です。

そして、もう一人、同じエイズに感染している人を知っています。その女性にとっては、逆に感染自体が贈り物になっているのです。普通の「健康」な人よりも、彼女はずっと生き生きとしています。与えられた生をまるで贈り物のように大切にしています。起こり得る未来にも心を惑わされることなく、自分の必要性をきちんと見ながら、瞬間から瞬間へと生きています。より深く気づいていくにつれ、自然によりよい食生活を始め、自分にとっての効果的な治療法を探しています。

この女性は永遠に生きるなどという幻想に縛られてはいません。もちろん、完治する薬が見つかるまでこの病気を押さえられるかもしれない新しい治療法にとても勇気づけられてはいますが。ただ、もし治ったら訪れるであろう「より良き日々」にしがみついて、自分の人生の舵取りをしているわけではありません。それより、今、この瞬間を生き生きと生きようとしています。この女性にとって、ＨＩＶのウイルスに感染していることは、生気のない状態を生きるための言い訳ではないのです。

自分が今こうなったのを過去のせいにすることをやめられれば、あなたの人生は魔法のように変容を起こします。前に行ったり後ろに戻ったりはもうなしです。今、ここにいてください。第五章「インスタント・トランスフォーメーション」でお話ししたように、賢者の石は古代の錬金術の中で使われるものです。錬金術とは今の化学の前身であり、基本の金属、たとえば鉛を金に変異させる方法でした。

……現代の賢者の石とは

「この瞬間に存在すること」です
その石は、普通のなんでもない日常をすばらしい魔法に満ちた人生に変えるのです

これは誰にでもできることです。たった一つのことをすればいいのです。今、この瞬間に存在すること。その瞬間のことを考えるでもなく、自分自身の側面を変えようとしたり、修繕しようとトライするのでもなく。

この変容には何のワークもいりません。変容とは申し上げたように、存在のありようなのです。自分の人生の中にいる方法であり、練習や鍛錬のように「行う」ことではありません。変容した状態を行うことはできません。ただ変容するだけです。

この瞬間を生きているときは、何かを達成する必要も、直すことも、また捨て去ることも必要ありません。ただ、ただ、深い満たされた感覚があり、それは手を伸ばしてつかむものではなく、あなたの内側から輝きだすのです。あなたが瞬間に存在すれば、一度基盤として手に入れたものは、黄金に変わっていきます。

第八章
変容のメカニズム
THE PRINCIPLES OF TRANSFORMATION

　変容には三つの基本的原理があります。

「抵抗すると相手はさらに強くなる」

「二つのものが同時に同じ場所に存在することはできない」

「ありのままであることを受け入れれば、それは自らを完成させ消えていく」

という三つです。

　この章では、これら三つの原理とそのメカニズムについてお話ししましょう。

◎第一の原理

抵抗すると、相手は存在を主張し、さらに強くなります。

何かを遠ざけようとすると、逆にあなたはそれに執着してしまうことになります。抵抗すると、あなたは抵抗しているものに似てきます。例をあげてみます。左ページの絵を見てください。握り拳のほうは、あなたが反抗し抵抗しているあなたの父親を表していると しましょう。開いている手のほうがあなた自身です。抵抗して握り拳を押し戻そうとすると、開いた手もすぐに閉じてきます。そして、父親を表す手の逆さま版になってしまうのです。「反抗児」は決して自由ではありません。親と逆のことをしようとか、育ちに反抗しようとすることは、反抗している相手に結局はコントロールされていることになるからです。抵抗すると相手は固執し手強くなるのです。

もっと科学的な説明がほしいですか？　ならばこうなります。

「すべての作用にはそれと同等の反作用が生じる」

これもまた物理学の法則です。

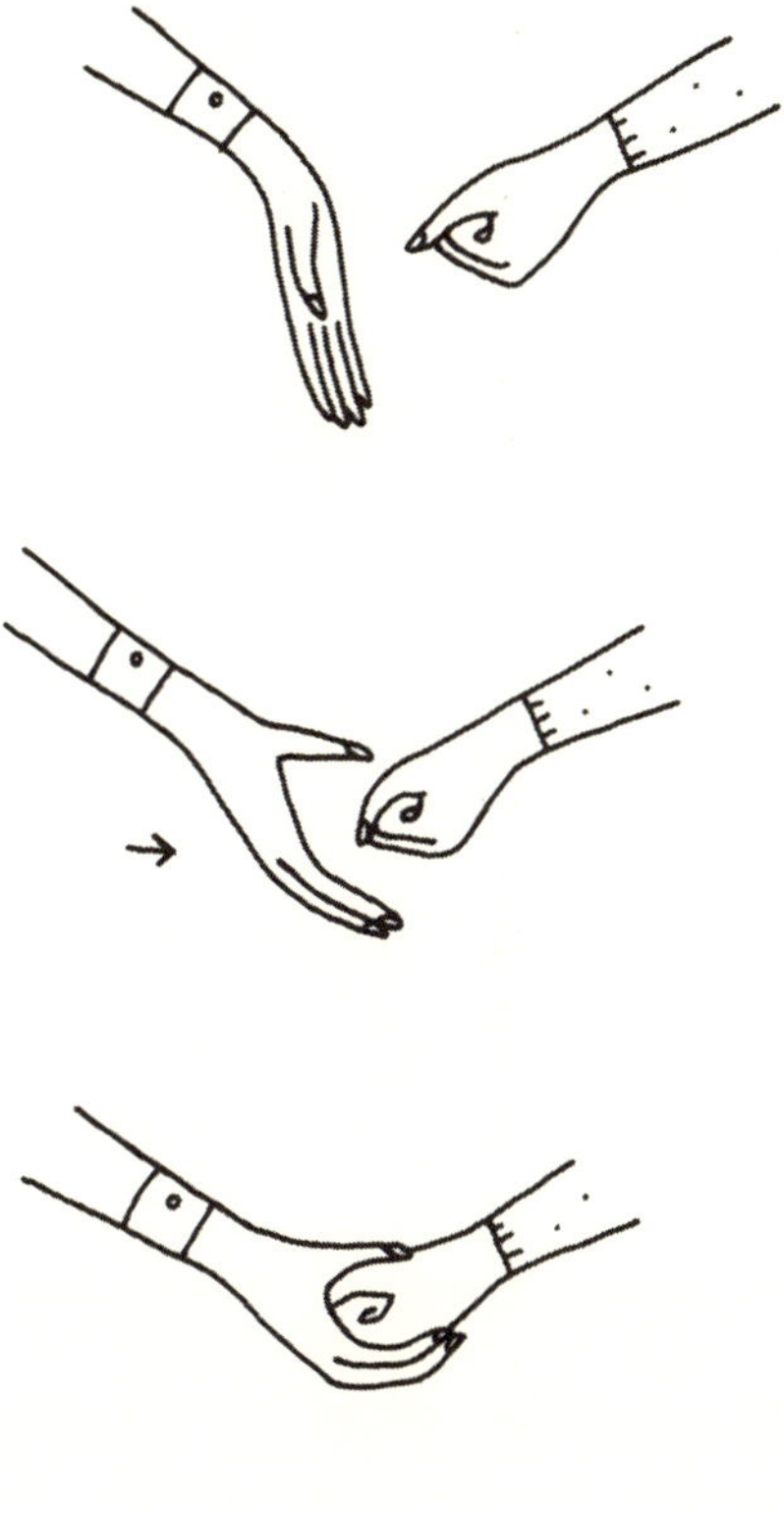

◎第二の原理
二つのものが、同時に同じ場所に存在することはできない。

例えば、ある人が椅子に座っています。同時に、別の人が椅子のまったく同じ場所に腰掛けることは不可能です。

感情を例にとってみると、実際に悲しいときには、うれしくはなれません。二つの違う感情は、同時に同じ場所を占有できないのです。

◎第三の原理
ありのままであることを受け入れれば、それは自らを完成させ、消えていく。

ありのままに、そのままに体験すれば、心理的な痛みや生理的な痛み、感情的な痛みや動揺もこの原理に従い、消えていきます。心が乱れたときに、なんとかそれを取り除こうとする（第一の原理：抵抗するとかえって固執する）のではなく、そのまま自分が動揺することを許すと、自然にそれは力を失い消えていくのです。

幸せは意外にはかなく消えていくことに気づいていますか？　幸せなとき、抵抗をする人はいるでしょうか？「あーあ、また幸せになってしまった。このまま幸せに圧倒されないといいけれど」などと言う人はいないでしょう。

「幸せ」に人は抵抗しません。ですからそれはあっと言う間に消え去ります。けれども、悲しみやつらさを感じたり、動揺している状態はずるずると長く続きます。動揺している時には動揺したくないと思い、悲しいときには悲しみを感じたくないと思うからです。この瞬間に、あなたの人生が見せてくれることに「同意しない」ことは、抵抗の一つの形です。そして忘れないでください。抵抗は、望ましくない結果を長引かせます。

人生を見直してみましょう。あなたが、なんとかやっつけようとしたり捨て去ろうとしたものは、なんらかの形であなたにまとわりついていませんか？「変わらなくちゃ、自分はこんなふうではいけない」と押しのけようとしたものは、消えてはいません。これは第一の原理です。

第二の原理は、「二つのものは同時に同じ場所に存在することはできない」です。「感情を感じているそのとき、自分が感じていることを思いきり感じること」ができれば、それは一掃され消えていきます。

意図して、判断を下すことなく吟味すれば、あなたは古いパターンから解き放たれます。たとえ抵抗して何年にもわたってやめようとしたり、新年の決意に何度ものぼったパターンであってもです。問題がなんであれ、「それ」とともに自分があることを認めれば、「それ」はもはや、あなたに影響を及ぼすことはなくなります。けれども、古いパターンや行動様式に抵抗すると、「それ」はあなたの人生を左右してしまうのです。

私たちが提案している方法は、一つ一つの瞬間、人生が自分に見せてくれるものに抵抗せず、人生そのものに自分をゆだねるということです。あなたの人生はそれ自身をあなたに見せています。現れている人生をどう取り扱うかはあなた次第です。

もう一度第一の原理に戻ってみましょう。人生の状況に抵抗すれば、それは居座ろうとします。でも、単に自分の置かれた状況を判断を交えずに認知すれば、そして「うん、オーケー、自分の人生はこうなんだ」と言うことができれば、望ましくないパターンは終了します。でも、何かを排除したり、変えようとしたり、直そうとする方法として、それを「受容」することはできません。

ここで言っているのは、受容することとはまったく違います。実際、状況を変えるために受け入れることは自分の欲しいものを手に入れるための操作であり、自分の今をありのままに体験することではありません。変容はそのような仕組みでは起きないのです。でも、もし純粋に自分の持てるものを自分が持っているときに持つことを選択すれば、それは消滅します。

さあ、これで変容を起こすための三つの原理を、概念として手に入れていただけたと思います。では、そろそろ具体的な例をお聞きになりたいのではないでしょうか？

一九八二年に私たちが三回目のデートをしたときのことです。この変容の原理を行動で実践したドラマチックな出来事が起こりました。ここからはエリエールがお話しします。

■「やけど」が教えてくれたもの

THE BURN

八月の終わりの素晴らしい日曜日、ニューヨークシティはこれから始まる一週間に備えて、ゆっくりと羽を休めているようでした。それはすべての通りや街路が全部見渡せそうな朝でした。シーヤのバイク、ヤマハ６５０「オールドブルー」の後ろにまたがって、ジョーンズビーチまでツーリングするには最高の日です。私たち二人はタオルを結びつけ、日焼けどめクリームを持って準備万端、シティを後にしました。

空を飛んでいるかのようでした。二人ともショートパンツにTシャツを着て、頭にはヘルメット、朝の太陽の光は肌を気持ちよく包んでいました。生きていることが本当に嬉しくなるような日です。信号でさえ、私たちのために変わってくれるようでした。

クイーンズ地区のトンネルを抜けてすぐの出口から降りて、ガソリンスタンドに寄りました。オールドブルーを止めて、シーヤはタンクにガソリンを入れ始めました。

私が足を伸ばそうと、バイクから降りようとした途端、鋭い、切り裂くような痛みが走りました。悲鳴を上げて跳び上がり、左のふくらはぎを見ると、生々しく皮膚がむけて、だらりと垂れ下がっていました。馬鹿なことに、熱くなっていたマフラーにまともに足をつけてしまったのです。私は呆然としてものも言えない状態でした。

やけどを見つめながら、のろのろと、「私、足やけどしちゃった」とやっと言いました。傷をちらっと見ただけで、シーヤはすべてを悟り、すぐに行動しました。

「氷だ!」

ガソリンスタンドに氷は置いてありませんでした。シーヤは飛び出していって、氷を探しましたが、まだコーヒーショップも、他の店も開いていません。五ドルをスタンドマンの手にねじ込んで、私たちはジョーンズビーチに向かうことにしました。氷を手に入れるのにはこれが一番早そうでした。やけどに吹きつける風は最悪でした。一瞬前までは魔法のように自由をくれていた風は、今は触れると焼けるように熱い火です。やけどしたときの最初のショックが去ったあと、私はシーヤの腰に手を回し、わんわん泣きながら、ビーチに向かいました。

ビーチのパーキングに着くころには、もう苦痛で自分を見失いそうでした。バイクを止めるや否やシーヤは飛び降り、タオルをつかむと私の手をひいて、ジューススタンドまで行きました。絶対そこには氷があるはずです。

スタンドのそばまで行って、私は震えながら待っていました。痛さで口も利けない状態です。シーヤはスタンドのカウンターの一番手前にいる人に向かって走っていきました。

「急いでください。氷がいるんです。ガールフレンドがひどいやけどをして！」

私はカウンターの女性に足を見せました。そのころになると、傷は白い部分と真っ赤な部分とに分かれ、肉がむき出しの状態です。麻痺した感覚があり、見るだけで吐き気を催しました。時々ひどい擦り傷を負った人を見ると、胃のあたりに刺すような鋭い感覚を感じることがあります。その人の痛みが突き刺さるかのように想像できるからです。もし私がこの傷をたまたま通りがかって見たとしたら、同じ感覚に襲われたでしょう。

スタンドの人は流れるような動作で大きなカップにたくさん氷を入れ、「お気の毒に。まだ氷が必要だったら、遠慮なく言ってくださいね」と言ってくれました。

氷をナプキンに包み、冷たい部分をやけどにそっと当てました。傷にあたると跳び上がるほどに痛く、自分の体が震えているのに気づきました。氷が溶け始めると、水は足をしたたり落ち、私はしびれるような感覚とともに少し落ち着いてきました。

結局、シーヤと私はケチャップをつけたポテトフライを分け合いながら、今日は浜辺にタオルを敷いて、寝転がることは無理だという結論に達しました。やけどをしたふくらはぎに砂がつくことを考えただけでもぞっとします。私たちはテーブルに座り、ほかの人を眺めながらコーラを飲んでいました。これみよがしの海を遠くに見ながら、氷が足のやけどの火のようなスポットを落ち着かせ、鎮めてくれるのを待ちました。

やっと痛みが何とかなりそうになってきたので、無駄に時間を費やすことをやめ、家に戻ることにしました。帰り道に備え、ナプキンにもう一度ぎっしり氷を詰めて、辛抱強く待ってくれている駐車場のオールドブルーに向かって歩き始めました。

ただこの計画に一つ問題が生じました。バイクにたどり着くころには、やけどが再び痛み始めたのです。いまや痛みは前の十倍にも膨らみ、歩くたびに伸縮するふくらはぎの筋肉が想像を絶する苦痛を生み出していました。それはまるで、皮膚が乾きひび割れ、律動的に振動しているようでした。氷の湿布でなんとかせき止められていた痛みが、こぶしを振り上げて真剣にどんどんと出口を叩いているのです。

私はバイクの後ろに乗ったまま、湿布を押さえながら頭を膝の間に埋めて、泣き出してしまいました。泣きながら肩が激しく上下するのをどうしようもありませんでした。ナプキンの中の氷がもう痛みをコントロールできないのと同じように。バイクに乗ったら、開いた傷に風が吹き付けるのだろうと思っただけで、涙がまた溢れてきます。

シーヤは私の隣に腰をかけて、私の空いているほうの手を握りました。優しい彼の声が耳に響いてきました。「エリエール、一緒に痛みを眺めてみようよ」

「いやっ！　触らないで」　私は叫び、足を守るように体をかがめました。

「エリエール、触らなくてもいいんだ。ただ痛みを調べてみようよ、いいかい？」とシーヤは静かに続けました。

怖るおそる顔をあげて、彼の真剣な目をのぞき込みました。そして涙をぽろぽろ流しながら、私はゆっくりとうなずいていたのです。

「僕を信じて」シーヤは言いました。

彼の目を見つめて、この人を信じられるとつゆほどの疑いもなく思いました。彼は落ち着いていました。着実とでも言えるような、そんな感覚が伝わってきたのです。私のヒステリックな泣き声は、ぐすぐすした鼻づまりとしゃっくりに変わっていきました。それでもまだ涙は頬を滑り落ちていました。私は自分の皮を脱ぎ捨てて逃げ出したいとひたすら念じていたのです。足の痛みはリアルで、苦痛は激しくどんな願いもこの状況を変えてくれそうにはありませんでした。

「準備はいいかい?」と聞く彼に私はうなずき、作業を始めました。

そのときには、私たちが魔法を使おうとしているとは知りませんでした。私に分かっていたのは、これから二人で「痛みを見ていく」ということだけです。それがどういうことを意味していようと。

「オーケー、エリエール。目を閉じて、心の目で君の痛みを見てごらん。じゃあ、やけどの痛みに色があるとしたら、どんな色だろう?」

答えるのは簡単でした。

「火みたいな赤」

「その調子。じゃあ、もしその痛みが水分を含むことができたら、どれくらいになる?」

そのとき、母校のプールが目に浮かびました。マウントフッド・コミュニティカレッジのプールです。

「オリンピックができるようなプールいっぱいの水」と答えました。

「オーケー。それじゃあ、もしその痛みに形があるとしたら、どんな形?」

「平らで、楕円形で……。端はざらざらのでこぼこで剃刀みたいに鋭いギザギザが突き出してる」

「いいよエリエール。その調子だ。じゃあ今痛みを見て。ゼロから十までの目盛りのある物差しがあるとしよう。十が我慢できない激痛で、ゼロがまったく痛みを感じない状態だ。きみのふくらはぎの痛みは、ゼロから十までのどこらへん？」

「二十三！」

私の答えが物差しから飛び出していることは分かっていました。でもそんなことなどうでもいいと思えるほど、足は痛くて死にそうでした。

「分かった。じゃあ、また聞くよ。今、色を感じるとしたら、何色だろう？」

痛みの色は変化していました。どちらかというとオレンジっぽい赤で、炎のようなものの中に、所々濃いスポットがあります。シーヤに報告すると、また彼は、続けて形、色、物差しの数字、そしてどれくらいの水を吸い込めるのかを繰り返し何度も見るように指示しました。今は？　今は？　今はどう？　と。

その一回一回、その瞬間が、時の中の宝石に変わりました。そこから逃げるのでもなく、無視するのでもない。その前の瞬間と比べるのでもありません。一瞬一瞬が一つ一つの面となり、それを探り、描写していくという作業が続きました。
見ると、そこには驚くべきことが起きていました。色は黄色から青へと、さらに緑へと変化し、ついに白くなりました。含むことのできる水の量も減っていき、一トンから一キロ、一カップから最終的には茶さじ一杯の水となり、最後は一滴になりました。形さえも変わっていきました。ピンの頭くらいに小さくなり、痛みの強さをはかる物差しの数字も二から一へと少なくなっていきました。

私たちはやったのです。状況を見ることで、痛みは消え、変容したのです。心の底からほっとしました。しかも、これはお店のショーで見せるトリックなどではありません。細心の注意を払ってそっと立ち上がり、一歩歩いてみました。痛みは、ＬＬサイズの紙コップ二杯分の氷で冷やしたときよりもひいていました。バイクに乗って帰るときも痛みませんでした。風も傷を包んでくれるかのようでした。

一つ一つの瞬間が、時のなかで、一粒の宝石となります
そこから逃げるのではなく、無視するのでもなく、
前の瞬間と比べるのでもありません

一つ一つの瞬間は、それぞれ別々の相となり、探求され、描写されていくのです

この状況をもう一度変容の原理から見ていきましょう。私たちが行ったことは、

一、抵抗しないこと。痛みや、エリエール自身がやけどを負ったことに抵抗しない。ほとんどの人が、痛みは静止していて、いつでも同じだと信じています。でもこれは不正確です。

二、私たちは痛みを、瞬間、瞬間でそれぞれ見ていきました。その瞬間の痛みの真実を見て、それ以外にありようのない、ありのままのその時の痛みを明確に認めました。

三、ありのままの痛みをそのままにしてやることで、痛みは自らを完結させ消えたのです。

第九章
なぜ幸せになろうとするの？

HAPPINESS

私たちは子供のときから、幸せなほうがいいんだという考えを鵜呑みにして大きくなってきました。みんなが、幸せで喜びに溢れているほうが、悲しかったり、怒っていたり、動揺したり、何をしていいか分からないよりいいのだということを知っています。だから、人は幸せになろうとするのです。

■ちっとも長続きしない幸せ

HARD TO ACHIEVE LASTING HAPPINESS

アメリカでは皆「アメリカンドリーム」を追い求めます。良い仕事に就き、それなりの物を所有すれば満足が得られると教えられてきました。

それから言うまでもなく、パーフェクトな相手、ソウルメイトを見つけたら、永遠の至福が訪れると信じている人もたくさんいます。もちろん、これもまた明らかに違います。これぞ理想的な夢のような相手だと思った人との関係が、あっと言う間に悪夢に変わるのを何人の人が体験したでしょう。

欲しかった人形やおもちゃ、ヒーローが印刷された野球カードを手に入れたときの興奮を覚えていますか？　大きくなってから、やっと初めての車を手に入れたとき、ステレオのセットや婚約指輪を買ったときのことはどうでしょう？

そんな宝物はもう、とっくに捨てられ、忘れ去られ、あるいは日常の中で当たり前のものになってしまっています。特に物を手に入れることが得意な人は、こういう形の幸せはちっとも長続きしないのだということを発見します。

幸せになれない……

ソウルメイトを見つけた人々も、なぜ恋愛以外では物事がうまく運ばないのだろうといぶかしみ、きっと人生は恋愛だけではないんだと思うことでしょう。少し前までは、家族ができれば何とかなると信じられてきました。でも最近は、その可愛い子猫もバスケットの外に飛び出していってしまいました。子育てというのも時には大変な事業であり、ストレスも溜まるものなのです。

■本当の幸せは「今」にある

FINDING TRUE HAPPINESS IN "NOW"

では、いったい何をすればいいのでしょう? まるで、「ユートピアはこちら」と案内してくれていた神話や迷信が、前へ進むにつれ、すべてごみ箱行きになったようです。でも私たちのほとんどが同じ疑問を抱いています。それは人生を通じて、何度も姿を変えて繰り返されて来た疑問です。

「一生のなかで、本当の幸せを長続きさせるにはどうしたらいいのか」

私たち二人は、一途に探求し、自分たちの問題にワークして、押したり、突っついたりしながら、満足感や健やかさ、そしてやすらぎがずっと続くような何かを求めて、よろめきながら進んできました。あらゆる感情に関してすこやかで、安らいでいたいと思いました。もちろん「幸福感」もその中に含まれています。

そして、私たちはこの「瞬間」という答えを見つけました。瞬間を生きることを実践しながら、「永続する充実感と満足とは何か」という古めかしい疑問への答えを得たのです。真の、そして続いてゆく幸せは「今」にしか見つけることができません。

人生が幸せでない理由の一つは、皆「幸福」というものを望ましい状態だと決めつけて、幸福でない状態に抵抗したり、批判したり判断を下したりするからです。人は、抵抗している感情や状態に閉じこめられてしまうのです。

……………………

幸福とは、人間が体験することができる
数多くの感情の一つにすぎません
与えられたどの瞬間においても

ありのままの自分でありたいと望むようになるまで　あなたは幸福にはなれないでしょう

あなたがこの瞬間の自分の感情を、もっと好ましい感情（例えば幸福感）のほうがいいからと、否定し、抵抗したら、その否定した感情の中に閉じこめられてしまいます。

例えば、お日様の輝く天気だけが好ましいと思っているとしましょう。空に雨雲が広がりはじめたら、あなたはおそらくそのまま雲が流れ、通り過ぎてゆくのにまかせるのではなく、雲に抵抗しはじめるのではないでしょうか。エネルギーと時間を費やして、何とか広がる雲をストップさせようとするかもしれません。晴天を取り戻そうという努力がとりもなおさず、降りやまない雨を居座らせているのです。幸せそうなふりをしてにこにこしていても、本当は逆につらい思いをしている人たちを、今までどれだけ目にしてきたでしょう。彼らは動揺しています。

もし、今この瞬間に起きていることを体験していこうと思えば、状況は楽になります。悲しみを体験しているのなら、それを取り除こうと悲しみに抵抗するのではなく、代わりに幸せになろうとする必要もありません。ただ悲しみという感情を、自分が感じることを許しましょう。そうすれば悲しみは自己完結し、消えていきます。

多くの人は、ネガティブと考えられる体験や感情を避けて生きています。私たちが、こういった「ネガティブ」な体験、感情を避け、まるでそのようなものは存在しないかのように生きようとすると、それ自身が「現在取り組むべきテーマ」として、自己を主張しはじめます。そして、何を達成しても、何かを得ても、状況を変えてはくれません。こうして、「幸福」になるために、不愉快な体験を避けるという試みの中にとらわれてしまうことになります。

真の幸福のエッセンスは、あなたが自分と幸福の間にあるものを、自ら体験したいと思う所に生み出されます。でもほとんどの人はそうは思いません。そして結局、幸福というもののあいまいな複写を求めてしまいます。悲しみを克服しようとしても、悲しみとともにいることにはなりません。それは単に自分を操作しようとする試みにしかすぎないのです。そうして、「こうすれば幸せになれるよ」とマインドが言うことを、もう一度試してみようとするのです。

あなたは、真実の悲しみの中にいる人に会ったことはありますか？　自分がかわいそうだとのたうち回ったり、本当に感じることを避けるためにドラマの中に入り込んでいる人のことを言っているのではありません。自分の悲しみの井戸の奥底と本当につながっている人のことです。おそらく、心から愛する人を失ってしまったときに、そのような感情を体験するのかもしれません。

それとも、死を間近に控えた人とともに時間を過ごしたことがありますか？　そのような時間はとても豊かなものです。生き生きとした瞬間です。それは癒しの時であり、驚くほど素晴らしい体験です。こういう瞬間にこそ、人は本当に心を通い合わせる方法を発見することができます。人を愛する能力、そして相手に共感することを再発見するのです。

ありのままの自分でいるだけで、手からこぼれおちてしまいがちな「満ち足りた気持ち」がきっと見つかります

第十章
W. O. R. M. ——
あなたの心に潜む危険な虫たち

W.O.R.M.S: Write Once Read Many

人生を始めたばかりのころに下した決断は、しばしばそのまま忘れ去られています。

あなたが心の中で自問自答している会話は、実は「今」とはまったく関係のない、おそろしく古い録音の寄せ集めではないかと考えたことはありませんか？

■書かれるのは一度、読まれるのは何度も

Write Once Read Many

人間は一日に約十八万七千の考えを持つが、その九八％が一日前の、あるいはそのまた前の日の考えだと言われています。人のマインドは巻き戻し状態のテープレコーダーと同じような振る舞いをします。古い情報を、あたかも最新の情報であるかのように、繰り返し繰り返し再生するのです。

あなたの頭の中で繰り返される人生に対するコメントは、糸の先にくくりつけられたぴかぴかの一ペニー硬貨のようなものです。コインがちょうどいい具合にくるりと回り、輝く太陽の光を受けたときは、自分もなかなかやるじゃないかと思えます。でも、時には考えが反対向きにねじれて、自分はまったく駄目で、何をやっても同じなんだという思いに光が当たることもあるのです。私たちのほとんどが、このねじれたり、くるくる回転する硬貨の催眠にかかっています。自分の長所を照らす方向にコインが回れば喜び、自己否定的な過去の思いの方向に回転すれば、嘆きます。

真に満ち足りた人生を送りたいなら、光り輝くコインの誘惑からきっぱりと身を引くことが肝心です。内側で鳴り続ける論評を強制的にリセットしてください。それがあなたの

現在の状況をサポートするものであろうと、なかろうと。

あなたのマインドはコンピューターのようなものです。コンピューターの用語で、「W.O.R.M.—虫《ワーム》」と呼ばれるデータ貯蔵法があります。W.O.R.M.は「Write Once Read Many」、つまり「書かれるのは一度、読まれるのは何度も」という意味の言葉の頭文字から創られました。これは、一度書かれたデータは永久的に保存されるというシステムのことです。消えないように一度書き込まれたデータは、改ざんすることもできません。そして、いつでも読みたいときに、まるでその都度新品の情報のように、何度でも読むことができるのです。

そして、私たちのマインドもまた、このワームでいっぱいです。ストレスがかかったとき、自分のサバイバルに危機を感じたとき、その危機を引き起こした原因を再び繰り返さないように決断を下します。大昔に下された決断も、コンピューターのデータのごとく貯蔵され、何度も取り出すことが可能です。今自分が置かれている状況に合いそうな、「真新しいふりをした古い決断」を、何度も何度も呼び出すことができるのです。

一度この決断が書き込まれてしまうと（自分に言い聞かせてしまうと）、その情報は長い時を経て、私たちのマインドの中で真理として貯蔵されます。そして、その決断を下したときに似た状況になると、マインドはワームにアクセスするのです。そしてあたかも最新の情報であるかのように、古い情報が再生されます。

どういうことか実際に例を挙げてみましょう。ビリーという男の子が学校で先生に当てられたとします。ビリーは自分の答えは正しいと思っています。ところが大きな声で言った答えは間違っていました。他の生徒に笑われ、ビリーには先生までが自分をからかっているように思えました。肩をがっくり落として、椅子に座りこみ、彼は自分自身に言い聞かせます……。

「ああ、いやだ。こんな思いをするのはもうたくさんだ。たとえ知っていても、分からないと答えたほうがいい。そうすれば、笑われたり、恥ずかしい思いをしないでもすむから」

これがワームの始まりです。ビリーのケースの場合、答えを間違えて笑われたとき、とても不愉快になりました。そして、再びこんな思いをしたくないと思ったのです。論理的にはこういうことが起きています。

こうして、ビリーは人生の初めに、どうやって生きていくかの戦略を立てました。でも、そのうちそんな決断を下したことを忘れてしまいます。大人になったビリーは、ビジネスの会議で自分がなぜこんなに消極的なのかが分かりません。アイデアや、問題の答えが口

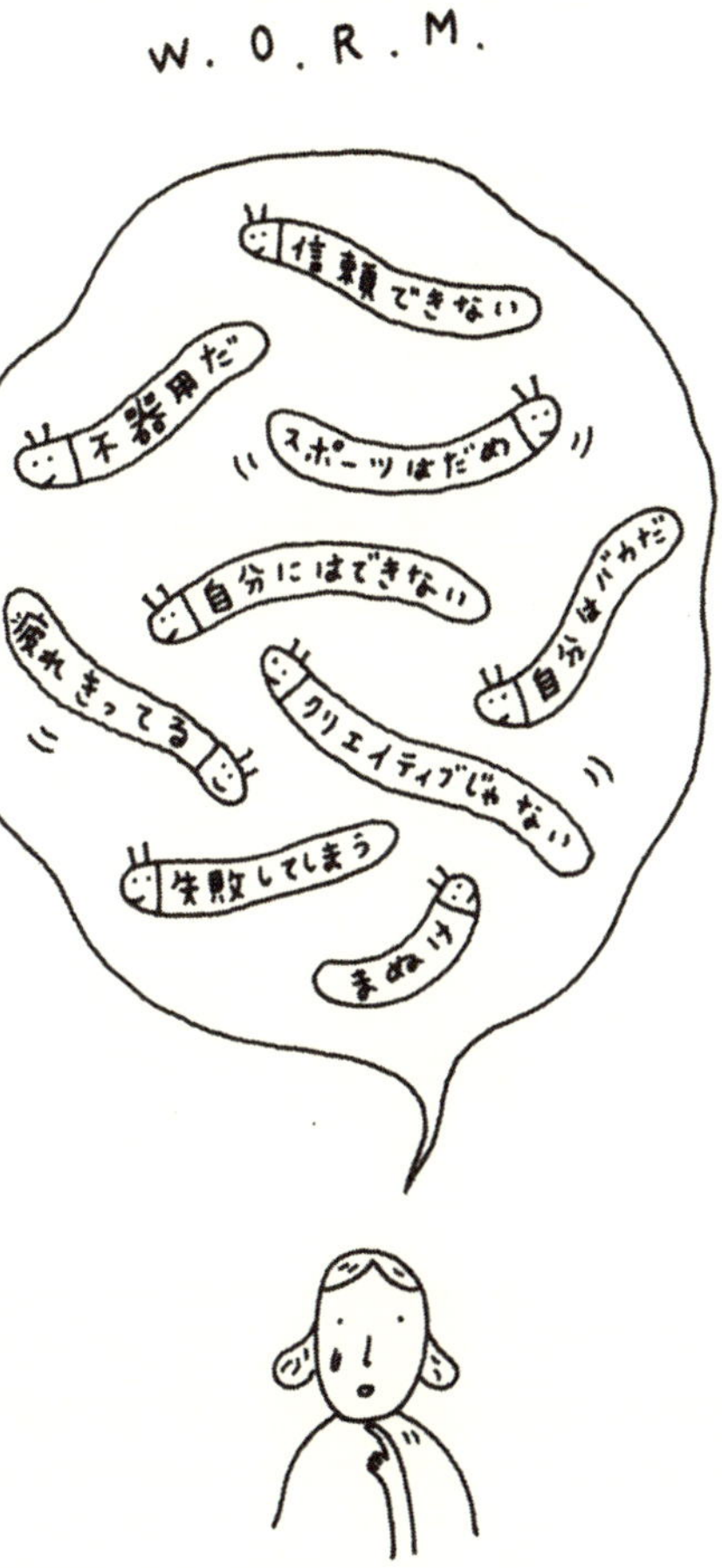
W.O.R.M.
信頼できない
不器用だ
スポーツはだめ
自分にはできない
自分はバカだ
疲れきってる
クリエイティブじゃない
失敗してしまう
まぬけ

の先まで出かかっているのに、なぜかためらっているうちに、ほかの人がいつも素早く、先に意見を述べてしまうのです。認められるのは自分ではなく、フラストレーションがたまっていきました。

ここにいくつかワームの例を挙げておきましょう。あなたになじみ深い虫はいませんか？

- 二度と同じことをするもんか
- 決してあいつらみたいにはならないぞ
- もうか弱いところは見せるまい
- 男性は信用できない／女性は信用できない
- 決して成功なんかしないんだから、やるだけ無駄だ
- 自分には魅力がない
- もうデートなんてたくさん
- 自分はクリエイティブじゃない
- スポーツはまるで駄目だ
- 一人では何も決められない
- 学歴がない／学歴がありすぎる

● 太りすぎている／体が小さすぎる
● 意志が弱いのではないか
● 年をとり過ぎてしまった／まだ若すぎる
● 何をしてもまだまだ不十分だ
● 自分は不格好だ
● 手先が器用じゃない
● 自分が……だからみんなに好かれないいんだ

遠慮がちに言っても、これ以外にまだ何百万匹の虫がいます。でも簡潔さを重視して、リストは短くしてみました。

時にはワームは、思考のプロセスではなく感情である場合もあります。例えば「悪いこと」をしているのを見とがめられたとき、いつも泣いてしまう子供を例にとりましょう。子供が激しく泣くと、両親はそれ以上その子に罰を与えることをしません。こうして、子供は涙によって生き残る道を学びます。その子が大人になり、何か仕事でプレッシャーを感じたり、ミスをおかしたりしたとき、言われなくても涙が次々と溢れてくるでしょう。「書かれるのは一度、読まれるのは何度も」

大人になると、もうこのような反射的な反応行動を良いとは思わなくなります。けれども、このような反応や行動は、私たちが小さなときには、実際ずいぶん役に立ってくれました。それらは記録された後、マインドが戦略的な意味あいで再生します。そして、私たちの人生は過去の無限ループになっていくのです。

ちょっとした過ちを犯したり、ストレスにさらされたとき、あなたのマインドはなじみ深い言葉に戻っていきます。それは、コンピューターのスクリーンセーバーと同じようなものです。言葉やイメージや、空飛ぶトースターであなたのコンピューターのモニターがいっぱいになりますね。おそらく、「まだお腹がすいてる！」とか、「もう手に負えない、おしまいだ！」という言葉は、あの羽のついたトースターと同様に、意味がなく、今のあなたとは何の関係もないのです。ただあなたが、古いテープを聴いていることを忘れていること以外は。

だまされてしまうのは簡単です。少なくとも、往年の蓄音器なら、古いレコーディングテクニックのキーキーする音を聴き分けることができますが、あなたのワームはそうはいきません。アクセスすればするほど、虫たちはだんだん洗練され、磨かれていきます。自動的にアップグレードされていくようなものです。

■「決断」が人生を停滞させる？

DECISIONS

物理学が正しいのなら、宇宙は常に膨張し続けています。そして生きていくためのルールを決めることは、たとえ基本的前提が健全であっても、やはりあなたを制限することになります。従って単純に何かに決断を下し生きていくのは、自分で自分を束縛し抑制することにほかなりません。

それは、小さな植木鉢に植わった苗木を買って、森の中へ持っていくようなものです。森の大地は豊饒で、ちょうど良い太陽の光と、雨と風があります。でも木を植えるとき、植木鉢に入ったまま森の中に埋めてきたらどうでしょう？　植木鉢の大きさが、その木がどこまで大きくなれるかを決めることになります。木は植木鉢の深さだけしか根を張ることができないし、それゆえに幹や枝の伸び方も限定されてしまいます。植木鉢、これが私たちの決断なのです。私たちの能力の成長を妨げ、根っこががんじがらめになって、人生を停滞させてしまうのです。

それから、決断を下すことと、選択をすることとの区別をつけることはとても大切です。でもここで使われている言葉そのものにはどうかとらわれないでください。この新しい進んだシステムの中では「選択」という言葉は「決断」という言葉より優れているのだというふうに、単に表面的な言葉の操作をしていただきたくないのです。

それより二つの概念の違いをつかんで、人生をパワフルに生きてください。初めは少しややこしいと思うかもしれません。基本的には意味論の実習のように見えるでしょう。けれども、ここで規定している選択と決断の違いこそ、あなたを満たしてくれるものを見つけだす鍵になるかもしれないのです。

■「決断」と「選択」の違い
DECISIONS-VS-CHOICES

では決断と選択の違いを見ていきましょう。「決断」は思考を重ねたうえに理性で決定されるものです。一方「選択」は、心で感じたことや本質的な願いを映した思いを踏まえたうえで選ばれたものです。

あなたが決断を下すときは「賛成」できる良い点と、「反対」したい悪い点を秤にかけます。そして二つの枠のなかに、肯定的な点と否定的な点を議論し、振り分け、天秤の傾いた方向にコースを決定していきます。

選択は、これらの二つの点を考慮はしますが、一度すべての情報を吟味したあとは、直感が飛躍し、心に感じた動きや、創造性が活躍する場を提供するのです。いままでの事実関係の分析や演繹《えんえき》的な理由づけからは思いもつかないものが出てくるかもしれません。

決断は合理的なものですが、選択は論理性は備えていながらも、単に理性の上に選ばれたものではありません。

決断はワームが命令したもの
選択とは、ハートの表現です

私たちが従っている決断は、幼くて、十分に洗練されていない自分という枠組みのなかで下されたものです。あなたは二歳や三歳の子どもに、人生で何をすべきかなどと真剣に尋ねるでしょうか？　そして、その子のアドバイスに従いますか？　でも、私たちが今まで行ってきたことは、本質的にこれと同じです。幼いころにマインドが下した決定に従ってきてしまったのです。

交通量の激しい道路のど真ん中に取り残されたリスがいたとします。リスはどっちの方向へ行ったらいいのか分からず、立ち往生しつつも、アドレナリンの噴出する恐怖の中、右往左往したり、びくっとジャンプしたりします。結局、運良くリスは車にひかれないですんだとしましょう。すると小さな頭の中に、この体験が生き残るための戦略としてファイルされることになります。ただ、リスがぺしゃんこにならなかったのは、偶然にしかすぎません。たまたま立ち往生していても助かったのです。

私たちのマインドも同様に機能します。偶然の情報まで含めて、すべてのデータを記録します。そしてそのとき、関係のない二つの情報をリンクさせたりもするのです。私たちは、「生き残るために不可欠」と誤ってリンクしてしまった、自己を否定したり、責めたりする思考パターンを持ったまま、それと気づかずにゴールに向かって前進しているのです。

「すべての決断は、自分が委縮している瞬間に下されるのですか?」とお聞きになるかもしれません。答えはイエスです。例えば何か「正しい」ことを行って称賛を受けたとしましょう。晴れがましさの中、とても良い気分であなたはこうつぶやくのです。

「わあ、今度はとてもうまくいった。よし、このままこれを続けよう」

けれどもこの決断も実は、将来再び良い気持ちになれるような正しい選択が自分にはできないのではないかという考えの上になされたものです。マインドはあなたがちゃんと生き残っていけるように、「間違った」行動と同様、「正しい」行動もシステム化しようとします。この正しい行動戦略も、ある期間はとてもうまく機能するかもしれません。けれども、遅かれ早かれ機械的な手順は問題を起こすことになります。たとえ「良い」行動にしても、それを繰り返していけば、だんだん退屈になっていきます。なぜなら、新しい、創造的な解決法の入るチャンスを切り捨ててしまうからです。

では、今自分がやっていることが古めかしいワームであることに気づいたら、どうすればよいのでしょう？　本来の自分を本当に表現しているか、それとも古い、でもあまり好きではない歌にはまりこんでいるのかを見分けるためのサインがあります。

奇妙なことに、決断した結果と選択した結果を比べると
結局は同じ行動になることがあります
でも、目的地に向かい、どちらのコースをとるかで
得られる満足感には大きな隔たりが生まれるのです

これからお話しする二人のそれぞれのゴールへのアプローチの違いが、あなたにはきっとはっきり見えるでしょう。一人は、今の自分の人生で得ているものが十分でないと感じ、その問題を解決するために、新しい仕事や恋愛、または何かを買おうと決断しました。これは、問題と解決の枠組みの中で起きていて、満足感はもたらしてくれません。この人がゴールに到達したときは一時的な勝利感に酔えるかもしれません。でも、すぐ次の角の向こうには、不満が身を潜めているのです。その後は、「もしああだったら……」とか、「こうなれば……」の出番です。再び自分に対する疑いが頭をもたげ、プレッシャーが高まれば、もう一度同じパターンの繰り返しが待っています。

もう一人も、初めは同じゴールを目指しているとします。同じ行動を起こし、同じような結果が得られますが、「自分の何かが間違っている」とか「何かが足りないのだ」とは思ってはいません。旅の一歩一歩が充実し、エキサイティングです。この人がゴールに着いたときに感じるのは、今まですでに体験していた深い満足感の延長です。

ワームにとりつかれているかどうかの別の見分け方は、「デジャ・ヴの要素」があるかどうかです。何かを言おうとしたとき、それが相手との葛藤を引き起こすことが分かっていても、言わずにいられないときに感じる感覚です。あるいは、誰か、または何かに対して動揺したり怒りを覚えるとき、これと同じ感覚は何度も前に体験したと感じることです。

人生を前に進みながら、守りの姿勢に入っているときには、どこかで「決断」が下されています。「選択」は守るものではありません。直感のキラリとしたひらめきをいったいどのように説明することができるでしょう？　心の奥深くで知っていることを、どうしたら証明できるのでしょう？

では自分たちで作りだしてしまったワームをどうやって退治しましょうか。そのことに関しては、いいニュースと悪いニュースとが両方あります。ワームは退治できません。ワームが何の頭文字だったかを思い出してください。「一度書かれて、何度も読まれる」一度書かれて記録された決断は、永遠に読み続けることが可能です。けれども、それをバイパスすることはできます。

それには「気づき」こそがキーワードになります。近代の人類学者のように、自分の行動に気づいていてください。それが、ワームからあなたを自由にします。ニュートラルに観察しましょう。自分を罰することなく、自分が気づきを得たことに「おめでとう」と言いながら。

疑問を感じたら、自分の思考を見て、よく調べてみましょう
自分が見つけたことに判断をしないでください
ベルトコンベヤーに乗った人生から抜け出すには
「見つけた」だけでもう十分なのです

あなたには基本的に二つの選択肢があります。古い決断をもとに行動するのか、人生をフレッシュな視点から眺めて、自分の心と真実から、本当にしたいことを見つけていくかです。過去において、決断を下していようが、選択をしていようが、気にしないでください。誰だって両方の体験をしています。そして、後知恵でいろいろ考えると、またまったく新しい「決断」のセットが生み出されていくのです。

事実、この章をお読みになったあとにこんな「決断」を下すことも可能です。

「もう二度と決断を下さないぞ。これから選択だけをしていこう。だって、そのほうがいいんだから」

ああ、なんてマインドは扱いにくいんでしょう。

■ゴールへの到達——本当の満足感はどこに？

GOALS AND SATISFACTION

人は、今自分が置かれている状況から救われるのを待っています。目もくらむような洞察の光によって、あるいは、もう少し現実的に宝くじにでも当選することによって。誰もが、到達する、達成する、成功して立派になるといった概念から卒業したいと思っています。スピリチュアルな観点から言えば、もう二度と自分の存在の中心からずれたり、不安になったり、病気になったりしないように、皆「覚醒」すべきだと感じているということです。けれども、満たされるということは、状況によって決まるものではありません。

人は間違ったことを信じています。もし自分の体が完璧に健康だったらとか、ちゃんとした仕事に就ければとか、完璧な恋人に巡り会えればとか、自分にぴったりのおもちゃさえ手に入れば満足できるのにという考えです。でも、世の中には、患者を治すことに飽きて、フラストレーションを感じている医者がいたり、退職するのを心待ちにしている先生たちがいます。お金で手に入れることのできるすべてを所有しながらも、物や道具がさっぱり喜びを与えてくれないと感じている人もいます。特別な誰かさんに出会えれば、幸せになれると確信している人もいますが、ほかの人の愛でさえ、自分の隙間を埋めることはできません。

もし満ち足りていたら、その満足をこの瞬間に持ってきて、あなたを取り囲む状況をその満足感で満たすことができます。もし不満でも、誰もあなたに満足感を生み出してはくれません。もし、自分の好みに関して、内側の批評に耳を傾けていたら、満たされた人生を生きることが妨げられてしまいます。千四百年前、中国禅宗の第三祖、鑑智僧璨《かんちそうさん》は、著書『信心銘』の中で、自分の嫌いなものに対抗して、好きなものを創り出そうとすることは心の病だと喝破しています。

ただやりたくないからという理由で、どれだけの仕事が中途半端になっていますか？　そして、このやり残しが一日中気になって仕方がないということがどれほどあるでしょうか？　終わっていないプロジェクトや、起きてしまった嫌なことが気になって、どれだけ眠れない夜を過ごしたことがあるでしょう？

私たちのほとんどが、
いつもぶつぶつ文句をいいながら
生きています

「これは自分」というレッテルを貼って信じこんでしまっている心の中の声を聞いてみると、うまくいっていない人生にいつも不満たらたらです。こんなはずではなかったのにとか、これよりもっと良くなっていいはずだとか。こういう人生との関わり方は習慣となって、世代から世代へと受け渡されてきました。幼いころ、私たちは自分の置かれている文化を吸収します。だから、アメリカ南部に育った人は、皆南部なまりのある英語を話し、ニューイングランド育ちの人は「ヤンキー」風の英語を話すのです。

覚醒、満足、悟りは、今まさに自分がやるべきことをやっていて、自分が今置かれている状況がまさにそうあるべきものだと思えるようになったときに訪れるでしょう。人生にぶつぶつ文句をつけながらではなくです。この覚醒の状態は手からこぼれ落ちていってしまうようなものではありません。必要なのは、「今、ここ」に来ることだけです。嘘のように簡単で単純なのです。あまりにも単純すぎるから、理解することが難しいのです。

今この瞬間にも、自分の置かれている状況の中に、覚醒した状態を見いだすことは可能なのです。実際、覚醒を実現するたった一つの方法は、この瞬間の、あなたの人生のあなたの状況を所有することにつきます。

自分が正しいとか、間違っているとかの判断を一切せずに、今出会うべきことをそのま、その通りに体験しているのだという態度で生きる。それが、自己覚醒への道です。悟りへの道とは、正直に自分の人生への関わり方のメカニズムを明らかにし、それについて何かしようとしたり、変えようとしないことなのです。

「何だって！　変えるなだって？」とおっしゃるかもしれませんね。でも、そうなのです。自己覚醒とは、問題と解決の枠組みの中にあるのではなく、気づきの中にあるのです。

今の状況に抵抗すると
不満を延々と長引かせ
痛みを生みだします

前にも述べましたが、気づきとは存在のありようであって、行動の仕方ではありません。自分の行動パターンに気づけば、それだけでそのパターンを変容させるのには十分なのです。そのパターンを何とか変えようとすると、それは居座ってしまいます。かといって、日常生活でなすべきことは何もないのだと言っているわけではありません。

気づきの中には行動も含まれます。この概念は砂漠を旅する師とその弟子のお話によく表れています。ある夜、一晩の眠りを取ろうと二人はオアシスまでやってきました。ところが、次の朝目が覚めると、二人のラクダがいなくなっていたのです。ラクダをつなぐのは弟子の役目だったので、師は昨晩はちゃんと安全につないだのかどうか弟子に尋ねました。弟子は答えました。

「いいえ先生。だってあなたは、アッラーの神を信頼しなさいとおっしゃったではありませんか。ですから私は神がちゃんと私たちのラクダをお守りくださると信じていたんです」

師は言いました。

「そうです、アッラーを信頼しなさい。でも、ラクダもつなぎなさい」

気づくことができれば、適切な行動をとり、必要なことや望まれていることを行えます。この行動は、「正しいことをしよう」という決断から生まれるものではありません。「次はもっと上等のことをしよう」と言うあなたのアジェンダが反映したものでもないのです。あなたの行うことは、真のあなた自身が本質的に表現されたものになります。今より「ましな自分」になるために決断してとった行動とは違います。「決断（decide）」は、「自殺

（suicide）」、「殺人（homicide)」と同じ語原を持っています。そして、「絶対なる正しさ（dead right)」と同じです。両方とも、他の可能性を「断絶」してしまうのです。

気づきは、裁いたり、好みの優先順位をつけたりしなければ、完成や終了をもたらしてくれます。老師僧璨はさらにこうも述べています。

「大いなる道は、好みやひいきのない者にとっては、難しくはない」

社会的な条件づけを受けているのは、あなたの嗜好です。自分の思ったとおりに物事が進まないときに、この嗜好が顔を出してくるのです。自分の好みに従って正しいことをしようとするならば、痛みや不満が生まれ、「創造性」がストップしてしまいます。ただ、「今物事は自分の好みとは違う状態にある」と単純に認知することで、再び大いなる道が開かれていくでしょう。世間一般に言われていることとは反対に、受け入れることは直接満足へ結びつきません。気づくことで一人一人がパワーを得て、単に物事に反応してしまうのではなく、きちんと答えていけるようになっていくのです。

今、この時代は、私たちの祖先が考える必要もなかったような変化や挑戦をもたらしています。でも、時代を超えて、輝きを少しも失わない真理があることも、また確かなのです。

最後に、老師僧璨が『信心銘』に記した漢詩を引用して、本書のエピローグとしたいと思います。

大いなる道（至道）　THE GREAT WAY

至道無難　唯嫌揀擇
但莫憎愛　洞然明白
豪釐有差　天地懸隔
欲得現前　莫存順逆
違順相爭　是爲心病
不識玄旨　徒勞念靜
圓同大虚　無欠無餘
良由取捨　所以不如

至道無難《しいどうぶなん》、唯嫌揀擇《ゆいけんけんじゃく》、
但《た》だ、憎愛莫《ぞうあいな》ければ、洞然《とうねん》として明白《めいはく》なり。
豪釐《ごうり》も差有《しゃあ》れば、天地《てんち》懸《はる》かに隔《へだ》たる。
現前《げんぜん》を得《え》んと欲《ほっ》せば、順逆《じゅんぎゃく》を存《ぞん》すること莫《なか》れ。
違順相争《いじゅんあいあらそ》う、是《こ》れを心病《しんびょう》と為《な》す。
玄旨《げんし》を識《し》らざれば、徒《いたず》らに念静《ねんじょう》に労す。
円《まど》かなること大虚《たいきょ》に同《おな》じ、欠《か》くること無《な》く余《あま》ること無《な》し。
良《まこと》に取捨《しゅしゃ》よる、所以《ゆえ》に不如《ふにょ》なり。

莫逐有縁　勿住空忍
一種平懐　泯然自盡

有縁《うえん》を逐《お》うこと莫《なか》れ、空忍《くうにん》に住《じゅう》すること勿《なか》れ。
一種平懐《いっしゅへいかい》なれば、泯然《みんねん》として自《おのずか》ら尽《つ》く。

『信心銘』三祖大師　鑑智僧璨

大いなる道は決して難しいものではない
好みにこだわらない者にとっては
愛も嫌悪も存在しないとき、
すべてが明らかになり、装いが脱ぎ捨てられる
もっとも些細な差も
その先は永久に、天と地を分かつほどになる
もしも真理を見たいのなら
何に対しても、意見を持たず、反対もしないことだ
嫌いだと思うことに対抗し、好きなものを創り上げようとすることは、
心の病なのだ

■訳者あとがき

『Working on Yourself Doesn't Work』という本書の原題を見たとき、私の頭は「？」でいっぱいになりました。自分の問題にいくら取り組んでも何の役にもたたない？　それではワークショップやセミナーに参加したり、一生懸命問題解決のために本を読んでいる人たちはどうなるのでしょう。

著者は言います。「私たち自身がマインドの落とし穴のほとんどに落ちてきました。だからこそ、自分と格闘するという泥沼を出るための案内人になれるのです」

そして本書を訳し終わった今、このタイトルの意味と、邦題の「今、ここに生きる力」が、理性と感覚の双方を通して自分の中に深く力強く響くのを感じています。

著者の二人、シーヤとエリエールはその本来のありようを取り戻す方法を自分たちのさまざまな学びと実体験からこの本にまとめています。

私は常々、真理というものは実はとてもシンプルなのではないかと思ってきました。この本の内容もまた、とてもシンプルです。変容を起こすには、たった三つの原理を理解すればいいのだと。そして、ただ自分がどこにいるのかを知り、その自分とともにニュートラルにいなさいと。

自分がどこにいるのかを知る方法は、著者が今までに学んだ心理学の知識を活用し、非常に分かりやすく解説しています。「でも」と私は考えました。確かにこれは簡単そうだけれど、やっぱり抽象的な概念にしかすぎないのではないかしら。「今、ここに生きよ」とは、いにしえの昔から今まで猫も杓子もお題目のように唱えてきています。それでもなかなか皆そこに到達できないのです。

手っ取り早い方法は自分で試してみることです。私は最近、人間関係のちょっとしたことで、気分が落ち込むことがありました。落ち込んでいてはいけない、元気にならなくちゃと思ったとき、そうだこのインスタント・トランスフォーメーションを実験してみようと思い立ちました。自分の気持ちを否定せず、かといって同情もせず、ひたすらニュートラルに「あーそうか。今落ち込んでいる」と意識してその気持ちを感じていました。現実には食事もするし、仕事もします。そして気分が暗くなったときには「うん、今落ち込んでいる」とやってみたのです。結果、いつの間にか落ち込みが消えていました。消えてしばらくするまでは、それにさえ気づかなかったほどです。

今までの心理療法との違いは明らかです。「望ましくない感情」があったとき、従来の療法では、それを「解放しよう」としたり「別のものと入れ替えよう」としたり、「軽減しよう」としてきました。でも、この「変容」の方法は、ただありのままを体験するだけです。「望ましくない」と裁かないことがポイントです。

ひょっとしたら、この方法は本当に賢者の石なのかもしれません。ただインスタントラーメンを作るように、お湯を入れて待っているだけというわけにはいかないようです。自然にこういうあり方を身につけるためには「選択をする」という精神の筋肉を鍛えなくてはなりません。インスタントとは「お手軽」という意味ではなく「瞬間に」ということだから。

この本でいくつかの宝物のような言葉に出会いました。

信心銘の「ただ憎愛なければ、洞然として明白なり」もはっと気づかされた言葉の一つです。憎愛のないこと、好き嫌いを超え、それぞれがそのまま完全であることを理解すること。それは正邪や善悪が支配する二元的な世界観から自由になることであり、大祖大師の言うところの「本来無一物」です。禅との再会でした。

けれども好悪を手放さなければならないということは一切ありません。著者が提案する新しいパラダイムは、「ねばならない」ものは一つもなく、それもただあなたが選択すればいいのです。本当に人は「他人の信念体系など必要としていない」のですから。

賢者の石はあなたに錬金術を施します。ユング派の心理学者の河合隼雄が語っていたことを思い出しました。「問題を抱えて悩む人が癒されるときは魔法が働くようだ。窓から蝶がたまたま入ってきたことで、一度にその人が変わることがある」と。

変容は一瞬です。あなたが「本当の自分」という存在全体と丸ごとつながった時に魔法が起きるのです。この本があなたの手に届いたということは、もうすでに魔法が働いているのかもしれません！

末筆になりましたが、私に新しい気づきと確信を得るチャンスを与えてくださったヴォイスの堀真澄氏、どうもありがとうございました。また本当に質の高い本を創ろうとしてくださり、それを心をこめて実行してくださった編集の塚田正織氏、杉本礼子氏と大寺眞輔氏に心からの感謝を送ります。

大野百合子

■ 著者紹介
エリエール&シーヤ・カーン Ariel & Shya Kane
「インスタント・トランスフォーメーション」を開発。米国、ヨーロッパ、コスタリカ、インドネシアのバリ島にセンターを持ち、個人や、カップル、大企業などを対象に、コンサルティングやセミナーを行っている。彼らのワークは本書のほか、「Instantaneous Transformation」「Completing Your Karma」「The Principles of Transformation」などのテープも出している。詳しくはここへ。 http://www.ask-inc.com e-mail:kanes@ask-inc.com

■ 訳者紹介
大野百合子 Yuriko Ohno
東京都国立市に生まれる。神戸女学院大学英文科卒業。日本航空勤務を経て、現在、フリーでイラストレーション、通訳、翻訳など、多方面において活躍中。

今ここに生きる力——「瞬間的に人生を変容できる」生き方の極意

2002年4月15日初版発行

著者	エリエール&シーヤ・カーン
訳者	大野百合子
編集	有限会社エクリル・シス
装幀	三輪香織（芦澤泰偉事務所）
発行者	堀真澄
発行所	株式会社ヴォイス 〒106-0031 東京都港区西麻布3-24-17 広瀬ビル2F TEL 03-3408-7473（出版事業部） FAX 03-5411-1939 [URL] http://www.voice-inc.co.jp/ [e-mail] book@voice-inc.co.jp
印刷・製本	中央精版印刷株式会社

万一落丁、乱丁の場合はお取り替えします。

ISBN4-89976-024-8 Printed in Japan